翻转的项目式学习（PBL）及教学实践

林拱标　袁泽姬　编著

中山大学出版社
·广州·

版权所有　翻印必究

图书在版编目（CIP）数据

翻转的项目式学习（PBL）及教学实践/林拱标，袁泽姬编著． —广州：中山大学出版社，2021.6

ISBN 978 - 7 - 306 - 07152 - 1

Ⅰ. ①翻… Ⅱ. ①林… ②袁… Ⅲ. ①信息技术—教学研究　②生物学教学—教学研究　Ⅳ. ①G202　②Q - 4

中国版本图书馆 CIP 数据核字（2021）第 038934 号

出 版 人：	王天琪
策划编辑：	张　蕊
责任编辑：	张　蕊
封面设计：	曾　斌
责任校对：	林　峥
责任技编：	何雅涛
出版发行：	中山大学出版社
电　　话：	编辑部 020 - 84111997，84111996，84110283，84113349
	发行部 020 - 84111998，84111981，84111160
地　　址：	广州市新港西路 135 号
邮　　编：	510275　　　　　　　　传　真：020 - 84036565
网　　址：	http://www.zsup.com.cn　E-mail：zdcbs@mail.sysu.edu.cn
印 刷 者：	广州市友盛彩印有限公司
规　　格：	787mm×1092mm　1/16　7.25 印张　150 千字
版次印次：	2021 年 6 月第 1 版　2021 年 6 月第 1 次印刷
定　　价：	35.00 元

如发现本书因印装质量影响阅读，请与出版社发行部联系调换

目 录

第一章　大数据时代教育变革与创新
第一节　大数据的由来与发展 …………………………………… 2
第二节　大数据带来的教育变革形式 …………………………… 5
第三节　大数据时代呼唤新的教与学方式 ……………………… 9

第二章　翻转课堂
第一节　翻转课堂的由来 ………………………………………… 14
第二节　为什么要"翻" …………………………………………… 14
第三节　怎样"翻" ………………………………………………… 16
第四节　翻转课堂的应用 ………………………………………… 18
第五节　翻转课堂的优势与存在的问题 ………………………… 20

第三章　走进项目式学习
第一节　什么是项目式学习 ……………………………………… 24
第二节　项目式学习的教学设计原则 …………………………… 29

第四章　翻转的项目式学习
第一节　新的教学方式需要教师角色转型 ……………………… 32
第二节　什么是翻转的项目式学习 ……………………………… 38
第三节　翻转的项目式学习在教学中的实施策略
　　　　——以基于在线测试的Excel专题复习课为例
　　　　 ………………………………………………………… 40

第五章　基于翻转的信息技术学科项目式学习

第一节　多媒体作品制作教学案例
　　　　——"创意校园宣传片制作与展示"教学设计 …… 48

第二节　网络基础及应用教学案例
　　　　——"网上收集信息"教学设计 ……………… 61

第三节　数据分析与处理教学案例
　　　　——"Excel 数据运算"专题复习教学设计 …… 65

第四节　程序设计教学案例
　　　　——"循环结构"教学设计 ………………… 72

第六章　基于翻转的生物学科项目式学习

第一节　生物学概念教学中的项目式学习案例 ………… 78
第二节　基于项目式学习的生物学实验教学案例 ……… 84
第三节　基于项目式学习的生物学科技活动 …………… 89
第四节　基于项目式学习的生物学概念拓展 …………… 97
第五节　基于项目式学习的生物学应用案例分析 ……… 101

参考文献 ………………………………………………… 109

第一章

大数据时代教育变革与创新

大数据开启了一次重大的时代转型。它正在悄悄地改变着我们的生活、工作以及思维方式；它为各行各业带来了全新的发展模式，与此同时，也带来了前所未有的挑战。教育行业中，如学生、教师的一言一行，学校里的各项事物，都可以转化为大数据的一部分。

上课、读书、做作业、讨论问题、网上查资料等，是学校里无时无刻不在发生的事情。当学生能利用计算机终端学习、教师可依托数据平台以及数据处理技术实施学习监测和干预时，这些行为都将被转换为教育大数据的来源。在大数据时代，教育数据得以大规模生产、利用和共享。教育大数据可以实现科学循证决策，改革传统教学模式和学习机制，推动个性化教与学，实施精准化教学。

第一节 大数据的由来与发展

一、大数据的由来

2009年，美国出现了一种新的流感病毒H1N1。它结合了导致禽流感和猪流感的病毒特点，传播速度极快。当时全球很多公共卫生机构担心会暴发大规模流感。在没有研制出对抗新型流感病毒的疫苗之前，只能减慢其传播速度，但首先要知道这种流感会出现在哪里。美国等多个国家要求医生在发现新型流感病例时，要报告疾病控制与预防中心。人们通常会在患病多日后才去医院就医，医院确诊后再报告疾控中心，因而会导致一两周的延迟。然而，对这一种飞速传播的疾病，信息的滞后带来的将是公共卫生的危机。

2008年，在H1N1流感暴发前，谷歌公司的工程师在《自然》杂志上发表了一篇文章，文中解释了谷歌为什么能预测冬季流感的传播：不仅是全美范围的传播，而且还可以具体到特定的地区和州——谷歌是通过观察人们在网上的搜索记录来进行预测的。谷歌每天都会收到来自全球30亿条搜索指令，他们将5000万条美国人最频繁搜索的词条和美国疾控中心在2003—2008年季节性流感传播时期的数据进行了比较，尤其对有关治疗咳嗽和发热药物的搜索词条的频率与流感在时间和空间上的传播之间的联系进行了分析，得出的预测数据与官方数据相关性高达97%，从而判断出流感是从哪里传播出来的，而且判断得非常及时。

谷歌公司的方法建立在大数据（big data）的基础上，通过对海量数据进行分析，获得有巨大价值的产品和服务，或深刻的洞见。

大数据是指无法使用传统和常用的软件技术和工具在一定时间内完成获取、管理和处理的数据集。

最早提出"大数据时代"到来的是全球知名咨询公司麦肯锡。麦肯锡称："'数据'已经渗透到当今每一个行业和业务职能领域，成了重要的生产因素。人们对大数据的挖掘和运用，预示着新一波生产率增长和消费者盈余浪潮的到来。""大数据最核心的价值就是对海量数据进行存储和分析，相比现有的其他技术而言，大数据的'廉价、迅速、优化'这三方面的综合成本是最优的。"

二、大数据相关概念

1. 数据

一般而言,数据(data)是指通过科学实验、检验、统计等方式所获得的,用于科学研究、技术设计、查证、决策等目的的数值。通过全面、准确、系统地测量、收集、记录、分类、存储这些数据,再严格地统计、分析、检验这些数据,就能得出一些具有说服力的结论。

2. 大数据

大规模、长期地测量、记录、存储、统计、分析所获得的海量数据就是大数据。这些数据规模一般不用 GB 或 TB 来衡量,未来大数据起始计量单位至少是 PB(1000 个 TB)、EB(100 万个 TB)或 ZB(10 亿个 TB)。

3. 大数据的特点

(1)数据量大(volume):指大型数据集,规模一般在 10 TB 左右。在实际应用中,一些企业用户把多个数据集放在一起,甚至能形成 PB 级的数据量。

(2)实时性强(velocity):在数据量非常庞大的情况下,也能做到数据实时处理。

(3)种类多样(variety):数据来自多种数据源,数据种类和格式日渐丰富,已冲破了以前所限定的结构化数据范畴,囊括了半结构化和非结构化数据。

(4)真实性(veracity):随着社交数据、企业内容、交易与应用数据等新数据源的兴起,传统数据源的局限被打破,企业愈发需要有效的信息以确保真实性及安全性。

(5)价值(value):大数据经过有效分析和处理后的结果是非常有价值的,这些数据结果将为使用者提供强有力的参考依据。

三、数据容量单位之间的换算关系

计算机存储单位一般用字节(Byte,简称 B),一个字符占用一个字节空间,一个汉字占用两个字节空间,字节是最小的容量单位。此外,还有 KB、MB、GB、TB、PB、EB、ZB、YB、BB 等计量单位,它们之间的关系是:

1 B(Byte,字节)= 8 bit(二进制位),

1 KB（Kilobyte，千字节）＝1024 B，其中 1024 ＝ 2^{10}（2 的 10 次方），

1 MB（Megabyte，兆字节，简称"兆"）＝1024 KB，

1 GB（Gigabyte，吉字节，简称"千兆"）＝1024 MB，

1 TB（Trillionbyte，万亿字节，简称"太字节"）＝1024 GB，

1 PB（Petabyte，千万亿字节，简称"拍字节"）＝1024 TB，

1 EB（Exabyte，百亿亿字节，简称"艾字节"）＝1024 PB，

1 ZB（Zettabyte，十万亿亿字节，简称"泽字节"）＝1024 EB，

1 YB（Yottabyte，一亿亿亿字节，简称"尧字节"）＝1024 ZB，

1 BB（Brontobyte，一千亿亿"亿字节"）＝1024 YB。

在实际生活中，人们拍一张电报大约 100 B，阅读一页书籍大约 10 KB，一张 CD 光盘内容大约 500 MB，一部广播级质量电影大约 1 GB，家庭新购买的电脑硬盘大约 1 TB 容量，百度每天需要处理的网页数据达 10～100 PB。

四、生活中的大数据

当人们每天进行网上购物消费的时候，商家会把整个过程都记录在案。每天有成千上万人在网上购物消费，对个人而言，很多信息会经常被忽略，如购物后把小票扔掉，每个月不记得购买了哪些具体的商品，等等。但对于商家而言，你购买的商品名称、购物地点、时间、购物次数、刷卡次数与金额等信息都被当成一条条记录被录入在庞大的数据库中。商家利用人们的购物信息进行数据分析，通过分析可以得到消费者的年龄、地域、消费层级、星座爱好等数据信息，从而采取更有效的营销手段与策略。

五、大数据应用价值

2020 年春天，在与新冠疫情博弈的过程中，我国专家利用大数据技术梳理感染者的生活轨迹，追踪人群接触史，成功锁定感染源及密切接触人群，为疫情防控提供宝贵信息。

例如，某位患者曾表示自己并无重点疫区接触史，但经过大数据排查，发现其曾经至少接触过三位来自重点疫区的潜在患病人士。可见，大数据技术通过追踪移动轨迹、建立个体关系图谱等，在精准定位疫情传播路径、防控疫情扩散方面有重要作用。

六、大数据未来四大发展方向

1. 数据资源化

数据资源化是指大数据成为企业和社会关注的重要战略资源,并成为大家争相抢夺的新焦点,企业必须要提前制订大数据营销战略计划,以抢占市场先机。

2. 与云计算深度结合

大数据离不开云处理,云处理为大数据提供了弹性、可拓展的基础设备,是产生大数据的平台之一。自 2013 年开始,大数据技术已开始和云计算技术紧密结合,预计未来两者关系将更为密切。除此之外,物联网、移动互联网等新兴计算形态,也将一齐助力大数据革命,让大数据营销发挥出更大的影响力。

3. 科学理论突破

大数据是像计算机和互联网一样的新一轮技术革命。随之兴起的数据挖掘、机器人学习和人工智能等相关技术,将会改变数据世界里的很多算法和基础理论,从而实现科学技术上的突破。

4. 数据科学和数据联盟的成立

未来,数据科学将作为一门专门的学科而被越来越多的人所认知。各大高校将设立专门的数据科学类专业,同时,这些专业也会催生一批与之相关的新就业岗位。基于数据这个基础平台,人们建立起跨领域的数据共享平台。随后,数据共享将扩展到企业层面,并且成为未来产业的核心一环。

第二节 大数据带来的教育变革形式

当所有人都在欢呼雀跃而又紧张地期待着大数据给自己带来的冲击之时,身处于教学一线的老师也需要思考:大数据将给教育带来什么?教育研究是否已经做好了迎接大数据时代的准备?如何通过大数据真正实现"以学生为中心"的理念,真正读懂我们的学生?

一、大数据离教育有多远

学生的一张卷面分数为 92 分的试卷,它带给我们的数据是什么?仅仅是简简单单的一个 92 分吗？如果我们拥有足够的技术与耐心，我们还可以得到许多值得推敲的细节数据：每一道大题的得分是多少？每一道填空题的得分是多少？每一道选择题选了什么选项？这位同学掌握了多少知识点？做错的题与哪些知识点有关？错误的原因是知识点未掌握还是计算失误？

如果我们进一步对这些数据进行分析，还有可能得到更详细的拟定结果，例如，每一道题花了多少时间？是否修改过原有答案或选项？学生做题的顺序偏好是什么？有没有时间进行检查？对哪些题目进行了检查？修正了哪些答案？这些信息远远比一个 92 分有价值得多。不只是考试，课堂、课程、师生互动的各个环节都渗透着这些看似繁杂无用的数据。但是，如果将这些数据量化，将一个班级、一个年级的学生数据组织起来，我们就能够得到一组大数据，从而得到更多有意义的结果。其实，大数据离我们并不遥远，它就在我们身边，每时每刻在生成着。

二、大数据与传统数据的区别

1. 传统数据处理

按照传统的数据收集、采样与处理方法，一个学生读完九年义务教育所产生的可供分析的量化数据基本不超过 10 MB。这些数据通常包括个人与家庭基本信息、学校与教师相关信息、各门各科的重要考试成绩、身高体重等生理数据、图书馆与体育馆的使用记录、医疗信息与保险信息等。这样的数据量，一台较高配置的普通家庭电脑，使用 Excel 或 SPSS 软件就能进行 5 000 名以下学生量的统计分析工作。

2. 大数据处理

一节课中每个学生在什么时候翻开书，在听到什么话的时候微笑点头，在一道题上停留了多久，在不同学科课堂上开小差的次数分别为多少，跟同班同学发起主动交流的每个细节等，都会记录在案。根据荷兰著名的行为观察软件商 NOLDUS 公司的研究，在一节 40 分钟的普通中学课堂中，单一学生所产生的全息数据量为 5～6 GB，而其中可进行归类、标签、分析的量化数据有 50～60 MB，这相当于在传统数据领域中积累 5 万年的数据量总和。而要处理这些数据，需要云计算环境作为技术支持平台，并且需要采用 MATLAB、Mathematica、Maple 等一系列专业软件进行处理并进行数据可视化。

在教育领域中，传统数据与大数据呈现出以下区别。

（1）传统数据诠释宏观、整体的教育状况，用于影响教育政策与决策；

大数据可以分析微观、个体的学生与课堂状况，用于调整教育行为与实现个性化教育。

（2）传统数据的挖掘方式、采集方法、内容分类、采信标准等都已存在既有的规则，以及完整的方法论；大数据挖掘为新鲜事物，还没有形成清晰的方法、路径以及评判标准。

（3）传统数据来源于阶段性、针对性的评估，其采样过程可能有系统误差；大数据来源于过程性、即时性的行为与现象记录，第三方、技术型的观察采样方式误差较小。

（4）传统数据分析所需要的人才、专业技能以及设施设备都较易获得；大数据挖掘需要专业人员、专业技能以及专业的设施设备才能完成，并且从业者需要有创新意识与挖掘数据的灵感，而不是按部就班地处理分析。目前，掌握大数据分析技术的人才十分稀缺。

三、大数据如何改变教育

在大多数教研活动中，评判一个课堂的好坏，大多是根据专家、教研员以及参与教师自身的经验来判定的——教师的环节设计是否层层递进，提出的问题是否有效，环节设置与本节活动的目标是否契合等。而学生在这个课堂中的表现与体验，经常被教师和课堂观察者忽略，即使获得了关注，也往往是"被代表"的——观察者会根据自己的经验来假设学生的体验，而学生真正的体验如何，却没有强大的技术与数据源可供分析与实证。

大数据恰恰能从技术层面让体验者的感受得以量化与显现。学生在一个课堂中的行为与表现，经由大数据的处理变得具有意义，能够分析出他的需求与态度，这也为教研活动提供了更为鲜活的素材——从技术角度倾听学生观点成为可能。教师有了了解学生的途径与方法，使从学生的需求出发改变教学行为成为可能。

（1）思维路径的改变——从演绎转向归纳，在"去经验"的过程中找到真正重要的教育影响因素。传统的教育研究在一定程度上是"基于经验"的，我们总是认为某些因素（如提问的有效性、课堂的节奏等）对学生很重要、对课堂很重要，然后通过反复的实践来验证这些经验。但是，这些因素是否真正重要，在大数据的思维方式下其判定来源有所不同——真正的重要因素来自数据挖掘而非经验假设。

（2）可以对每个学生的个人数据进行分析处理，真正做到因材施教。例如，在广州市海珠区多所中小学的智慧教室里，学生手中除了传统纸质教材外，每人还配有一台学习终端，学生通过它可以随时随地进入智能课堂、电子图书馆和自习室。"一对一数字化学习智能课堂"项目通过云平台的合理搭建、校园网络的高度覆盖以及教学课件的全面配合，为学生创造智能化的教学环境，使学生创造性新思维的培养和创造性行为习惯的形成不局限在课堂的 40 分钟里。数字化设备可以记录学生学习过程中的轨迹，将所有的信息数据汇总到服务器进行分析处理，教师可以根据学生的学习数据进行合理的教学安排。

（3）使个性化教育具有了可能性，真正实现从群体到个体。传统教学布置作业的方法是诸如"所有人完成第三题到第八题"，给学生推荐书目的时候也会给自己所教的全体学生发布同样的推荐清单。这本是无可厚非的，因为集体教学的最初起源就是将同龄的学生聚在一起，给予相同的教学内容以节省成本。但是，当技术能帮助我们了解每个学生的需求之后，"因材施教"的教学思想，是否离我们更近一些了呢？

现在上网的时候，有没有发现这些网站越来越了解你的喜好？比如某购物平台会根据你浏览过哪些商品，来判断你有可能购买哪些商品。新浪微博则会根据你关注了哪些人，判断你可能对哪些人感兴趣。这种技术实质上就是通过数据的归类与分析，来预测"出现某种行为的人很有可能还出现哪种行为"。

由此可见，大数据给教育带来的改变主要有三点：一是帮助我们找到真正起作用的教育影响因素；二是帮助我们洞察学生的真实行为；三是帮助我们走向个性化教学。

四、实现大数据教育可以怎么做

在微观实践层面，一些探索已经起步。

（1）对学生的发展进行多元评估，发现学业成绩背后的原因。假设两个学生的数学成绩都是 A，按照传统的视角，我们会默认他们的学习能力差不多。但是通过多元能力的评估，我们有可能发现：第一个学生更多是依靠比较出色的逻辑思维能力进行学习；而第二个学生的逻辑思维能力较为普通，是凭借比较出色的记忆力获得好成绩的。依靠记忆力进行学习的方式在低年级时也许比较有效，但从发展的角度看，对于培养学生的高级思维能力是不够的。一时的好成绩完全有可能掩盖其在全面发展过程中的不足与风险，而这一情况的发现有助于教师尽早提出有针对性的策略，帮助学生弥补能力上的不足。所以说，大数据能让我们更全面地看待学生的发展，发现传统学习中成绩所反映不了的问题。

（2）大数据实现过程性评估，发现学生的常态，改造课堂的流程。我们经常说，教学评估应该是过程性的，而非总结性的。如果教师拥有一个课堂观察的终端，可以随手记录学生的发言质量、作业完成情况、课堂纪律等，那么，教师在期末将这些数据汇总起来，撰写评语时就不用绞尽脑汁，而有了更加丰富的素材与数据依据，能对学生的发展提出建议。同时，这些数据可以促使教师反思。

（3）大数据实现学生课外学习轨迹的积累。如果家长通过手机就能获得学校的通知与公告，就可以快速地进行各种调研，并记录孩子每天课余作业时间，包括孩子看过哪些书、去过哪里游玩。这样的随手记录，会积累下非常有价值的数据，从而使教师有针对性地帮助家长发现一些现象。而对于教育研究者来说，则可以通过后台数据库统计一个学校、一个区域的整体情况，获得有价值的数据报告。所以说，大数据还能让我们更加了解学生的课外学习轨迹。

可以这样说，大数据时代的到来，让所有社会科学领域能够借由前沿技术的发展，从宏观群体走向微观个体。

第三节 大数据时代呼唤新的教与学方式

在常规的教学方式中，学生常常处于被动状态，课堂上学生认真听课、努力做笔记，这种学习模式如今依然普遍存在。那么，学生在学习过程中处于疑惑的时候，如何及时有效地向教师表达？另外，课堂上教师了解学生的学习状态及效果，主要方式是提问或随堂纸笔练习，往往不容易了解全班情况。因此，教师只能通过其他途径来掌握教学目标的达成情况，例如书面作业、单元测验或阶段考试等，但这些方式在时间上有滞后性和信息的不完全性。学生能否合理有效地运用所学知识独立解决问题，这也是我们课堂教学中关心的重点。

一、教师的新挑战

大数据时代，对教师的要求不再是线性的，而是网状的、复合式的；除了教材资源，还要搜集其他教学信息，优化教学资源，在课堂上获得更多信息以调控课堂。大数据为个性化教学提供了可能。课堂上数据信息的掌握情况并不是对等的。一般来说,教师掌握的数据比学生的要多,因此,教师可根据大数据提供的情况,及时调整有针对性的教学方案。例如,人工智能可快速采集学生的答题情况并获取计算错误率,教师根据数据信息,了解学生对相应模块的掌握程度,在个性化教学上有了数据参考。

新一轮教育信息化的浪潮已然随着硬件的高速革新和软件的高度智能推到了我们面前。作为教育者应该如何面对?围观、等待、抵制……显然,这都是会被浪潮击垮的下下之策。唯有掌握良好的"冲浪"技术,具备相应的预判能力,才能逐浪前行,甚至是在浪尖优雅起舞。"翻转课堂""项目式学习"教学研究在世界各地开展得如火如荼,作为一线教师也应该跟上时代的步伐,与世界同行,共同进步。在大数据时代,教师的数据素养是必备的基本功。

二、大数据教育模型的应用

我国对大数据的研究起步较晚,尚未有成熟的实践项目和研究成果。目前,国外有一些实践模型①,例如美国哈佛大学学者提出了"数据智慧改进教学过程"模型(data wise improvement process,简称 DWIP 模型),DWIP 模型包括使用数据的三个阶段八个具体步骤(如图 1-1 所示)。

图 1-1 "数据智慧改进教学过程"模型

---

① 翟艳男、陈大川、李晶:《大数据背景下电工电子课程 DWIP 模型实践研究》,载《电子测试》2020 年第 11 期,第 131-132 页、第 114 页。

1. 准备阶段

（1）组织数据团队。团队制订计划和安排，建立由管理员、教师组成的数据团队，初拟数据调查表。

（2）发展教师数据素养，特别是教师利用数据进行评价的素养，包括评价工具、评价条件和原则等，建立数据与课堂评价连接的链条。

2. 探究阶段

（1）创建数据概览。通过直观的数据图，如直方图、曲线图、饼图或散点图等，展示数据和数据结构，使数据更易于理解。

（2）挖掘学生数据。完成数据概览后，教师要挖掘学生数据，包括共性和个性的问题，以便进行针对性的训练。

（3）检查教学。通过数据挖掘找到核心问题，如何有针对性地解决问题，需要教师检查教学，收集更多的实际证据，将学习者中心问题重构成实践问题。团队的任务是明确提高学生成绩的教学策略或改革措施，以期达到改善学生学习的目的。

3. 行动阶段

（1）提出行动计划。明确需要完成的具体任务、地点和对象，规划成员的角色和责任，建立可行的内部问责机制。

（2）制订评价学生进展计划。教师开展行动前应确认评价学生学习进展的方法；学校要事先规定教师应收集哪些短期、中期和长期的数据，以及如何收集这些数据；同时，教师也要制订改进学生学习状况的短期、中期和长期目标。

（3）行动与评估。最后一步是随着连续性的调整行动的深入，教师要对行动计划的有效性进行评价，并进行相应的调整。接着，教师还要重复这一循环，回到探究阶段，验证实施行动的有效性。对教师来说，实施行动就像是实验，目的在于测试教学方案的行动效果。所以，该模型是一个可自我进化、持续改进的教育模型。

第二章

翻转课堂

第一节　翻转课堂的由来

"翻转课堂"一词是从"flipped classroom"直译来的，既能被称为"反转课堂"，也能被叫作"颠倒课堂"。翻转课堂是一种源于美国的创新教学模式，就是教师创建教学视频，学生在家中或课外观看视频中教师的讲解，回到课堂上师生进行面对面交流和完成作业的一种教学形态。

位于美国科罗拉多州落基山的林地公园高中是翻转课堂的起源地。大部分翻转课堂的"粉丝"们都感谢这所高中开创性的实践。该校两名科学教师乔纳森·伯格曼和亚伦·萨姆斯想出为学生录制在线视频课程的方法。起初，这只是为那些耽误上课的学生而准备的讲解，但他们很快就意识到，用视频来复习和加强他们的课堂教学能让所有孩子受益。之后这两位教师发现，也许他们已经"迷迷糊糊"地做了一件伟大的事情，并创造了我们现在所说的"翻转课堂"。在实践中，师生双方都认为，是综合的翻转课堂的学习方法而非单独的视频在起作用。伯格曼和萨姆斯觉得这套方法让他们能有更多的时间给予学生个别的关注，建立更好、更紧密的师生关系，而这往往可以促进更大的学习动机。自从他们率先开始翻转课堂后，这种教学模式不胫而走，现在全球数以万计的学校都在效仿。

第二节　为什么要"翻"

翻转课堂是以学生为中心，实现个性化学习的方式（如图2-1所示）。它通过定制个性化的教学、课程和学习环境来满足不同学生的需求和愿望，使学生根据自己的兴趣和经验，按自己的节奏和方法进行学习。对学生而言，翻转课堂具有以下几点意义。

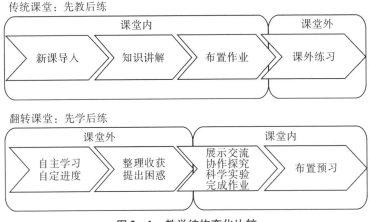

图 2-1 教学结构变化比较

一、使学生享受到"差异学习"

在学习中，差异也是一种资源。一方面，学生在教师的指导下了解自己的"最近发展区"，通过在"小步子，快步走"的个性化教学中激发学生的学习欲望；另一方面，学生可以通过不同小组的学习交流取长补短。

二、使学生能够选择教育

翻转课堂为学生提供丰富的学习资源、形式多样的学习模式。学生可根据自己的学习偏好、个性特长以及学习中学习水平的动态性，有目的地选择学习资源、学习模式，甚至选择不同教师的教学方式，让不同层次的学生取得相应的收获，以满足他们的个性化需求。

三、让学生体验到成功、快乐的教育

为不同水平的学生设置不同的学习要求，目的是让每个学习者都找到自己的"最近发展区"，在自己的发展区内体验到成就感；另外，个性化教学不再忽视后进生，从而使他们的无助感、失败感和自卑感得到一定的缓解，也使优秀生具有更大的发展空间，享受成功、快乐的教育。

第三节 怎样"翻"

翻转课堂分为课前与课中两个部分（如图2-2所示）：课前即课堂之前的学习，主要是学习者针对教师布置的内容以及提供的学习材料进行个性化学习；课中即为课堂上的学习，学习者通过提问、探究解决等不同形式将知识内化。①

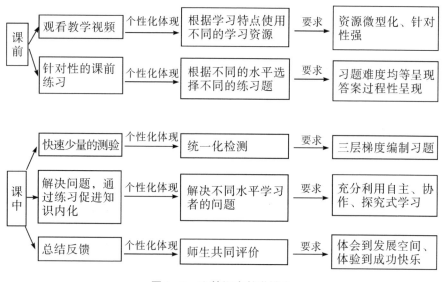

图2-2 翻转课堂教学模式

一、观看教学视频

课前，学习者首先通过观看教学视频进行学习。当然，在这一过程中由于不同学习者有不同的学习偏好和学习风格，如有的学生可能是视觉敏感类，有的学生可能是听觉敏感类，这就需要教师针对某一知识点使用不同的学习材料来阐释，以满足学习者对不同学习资源的个性化需求。另外，教师

---

① 陈锦波：《"1+1"双师导学课内翻转教学模式》，广东旅游出版社2018年版。

在提供学习资源时，无论是教学视频还是文本类资源等都应尽量简短，抓住教学重点，针对性强，尽量减少无关教学的信息。

二、针对性的课前练习

根据学习理论，学习者学习效果不均等的主要原因是学习前的个体差异，所以，在学习新内容之前最好将这种差距缩减到最小。因此，课前学习者在自学后还要进行一定的练习来检验自己的学习效果。由于学习者在学习过程中所用的学习材料的差异性，在学习结束后所做的练习题也应该有所不同。但是，因为接下来课堂上的学习内容是相同的，所以既要根据不同的学习材料编制不同的练习题，还要难易程度相当，以确保学习者课前学习之后学习水平相当。如果学习者在测验时不合格或者学习效果不佳，可以反复进行学习和测试，尽量达到合格水平。另外，在呈现习题答案时应尽可能地分步提示，并附有每一步的解题分析，这样将有利于学习者独立思考、分析、解决问题。

三、快速少量的测验

课中部分主要是将学习者的知识进行内化的过程。以往是在课后让学习者通过做一定的练习题自主实现的，这种方式会有部分学生没有真正地去完成，甚至为了应付老师检查还经常出现抄袭的现象。为了更好地让学习者掌握学习内容并灵活应用，课中可以让学习者以不同的学习形式（如质疑、讨论、解决、做练习题等），全身心地投入以完成知识的内化。为了检验学习者课前的知识掌握水平，教师可以在课前通过5~8分钟的测试对学习者进行统一化测验，主要是习题形式。尽管在课前的练习中编制水平相当的练习题以免学习水平悬殊，但测验结果还是会有不同程度的差异，并且可能各个学习者出现问题的地方还不一样。所以，有必要在上课前再次对学习者进行测试。此时的测试一是为了检测学生的学习水平，二是检测哪些地方还没有掌握。习题编制的难易程度应该有梯度，一般采用三层梯度的原则编制习题。根据检测结果，可以对出现相同问题的学习者进行分组指导，也可据此对学习者实施异质分组学习。

四、解决问题，通过练习促进知识内化

通过测验结果了解学习者的学习水平，并将学习者的学习档次分类，以便在接下来的教学过程中可以针对不同学习者的不同问题和疑点进行讲解。另外，学习者可以通过提问、探究等方式将课前和课中学习过程中遇到的疑问一起讨论解决。这一过程可以通过教师引导、学习者共同探讨来进行，在条件允许的情况下也可以分组进行。分组进行的好处是可以使出现同类问题的学习者共同学习，没有出现此类问题的学习者可以解决其他的问题，这样就可以有效地提高学习效率。当然，教师也可将小组中出错的问题分享给其他小组，以免此类问题再次发生。在学习疑问解决后，教师还应给学习者提供相应的练习题，通过练习让学生将知识内化并学会灵活运用。

五、总结反馈

这一部分个性化学习的体现主要是教师和学习者可以一起参与总结评价。总结评价可以分为形成性评价和总结性评价。在学习过程中，教师可以根据需要将总结和评价的内容进行形成性总结和评价。待到一节课完毕，教师和学习者可以一起针对该节课的学习内容、学习重难点、易错点等进行总结和评价。在评价过程中，评价者切忌完全肯定或者完全否定，应结合学习者的表现对其所获得的成绩给予肯定，并指出其不足的地方或者未来的发展空间，使每位学生在学习中和学习后有一定的成就感和快乐感，激发学习者的学习兴趣，并持续投入到学习中。

第四节 翻转课堂的应用

一、双反馈三阶段翻转课堂

信息技术与学科教学深度融合的目标就是改变教师教的方式与学生学的方式，落脚点与发力点都在课堂。广州市第九十七中学的初中数学"双反馈

三阶段"翻转课堂（如图2-3所示），是课前学生通过观看微课完成并提交自主学习任务单，教师利用"海教通"平台的手机阅卷功能轻松获取学生自主学习的反馈数据，并以此作为课堂教学设计的依据；课中借助一体化机、微课笔等信息化手段突破疑难、梳理深化和堂清检测；课后学生可通过智能手机等移动终端扫二维码观看微视频进行堂清习题的校对，实现个性化学习。该翻转课堂巧妙地将信息技术渗透到教学的各个环节，有效提升了课堂教学水平。

图2-3　广州市第九十七中学的初中数学"双反馈三阶段"翻转课堂

二、基于微课的翻转课堂

广州市江南外国语学校的基于微课的翻转课堂，是课前利用手机录制教学微视频，上课前一天让学生在教室利用多媒体学习，或者学生拷贝到手机等科技产品里带回家进行课前的自主学习。学生可根据自身情况来安排和控制自己的学习进度：懂了的快进跳过，没懂的倒退反复观看，还可停下来仔细思考或做笔记。学生整理自己在微课学习中出现的问题，以便在课堂解决，通过这些让学生达到"课前主动学习"的基本目标。课堂中引入微课视频，在电脑室进行上课，以"先学后教，以学定教"的方式进行课堂学习。课中学生自主小测可以让学生自主翻动视频观看没有理解的知识点。学生以小组合作学习的方式互助探讨学习，教师组织学生开展思考、分析和讨论。师生之间、生生之间交流互动，学生积极参与到学习小组的合作学习中，主动内化知识，教师则走下讲台，指导小组学习，进行个别辅导。这样的方式可以发展学生的个性化学习方式，同时激发学生的学习热情和认知水平，从而完成翻转课堂"课中学生互动学习"的高级目标。

三、三步翻转课堂

广州市海珠外国语实验中学的三步翻转课堂包括"课前"学情了解（一次备课）——"课中"精准教学（二次备课及课堂实施）——"课后"精准辅导三大步骤。

课前：教师根据"先学后教"翻转课堂理念进行一次备课，以导学案及教学内容简介微课的形式发布给学生，学生利用平板电脑进行课前预习，并进行预习反馈。

课中：教师在了解学生预习反馈的情况后，根据学情进行二次备课，对课堂教学内容进行筛选，做到"学生会的不讲，学生模糊的精讲，学生不明白的重点讲"，使课堂教学真正做到有效、高效。同时，在课堂教学中多运用"互联网+"的智慧教育技术，利用平板电脑实现"讨论""资料搜集""生生互学"等生动、有效的课堂互动，提高学生的学习积极性及学习主动性。

课后：教师根据学生在课堂学习中的情况反馈与作业完成的情况反馈，通过智慧教学平台，即时、点对点地将相对应的微课和练习推送给指定学生，并再次进行学情反馈。最后，对于微课仍然解决不了的问题，教师将做具体辅导。如此反复，落实学生对学习知识点的100%过关。利用大数据进行精准教学，学生的作业负担大大减轻，学习效率大大提高。

第五节 翻转课堂的优势与存在的问题

翻转课堂遵循了国家中长期教育改革方向：尊重教育规律和学生身心发展规律，为每个学生提供合适的教育。

一、翻转课堂的优点

1. 运用现代化技术手段，让学生对学习更感兴趣

微视频教学通过新技术手段，能使抽象的知识具体化、形象化，帮助学生对知识的理解与记忆，在一定程度上减轻了学生的学习负担，让学习变得轻松起来，提高了学生的学习兴趣。

2. 以知识为核心的微视频，把思维可视化

在微视频讲解知识的过程中，教师把思维过程用板书的形式展现出来。同时，结合图像、图形或者列表，对知识进行讲解，让知识生动有趣。在微视频学习的过程中，学生可以很好地体会老师的思维过程，让学到的知识更具立体性。

3. 突出学生的"学"而非教师的"教"，先学后教，让提问与合作更有针对性

翻转课堂把知识的传递放在课外，把知识的内化放在课内。无论课内与课外，都突出了学生的自主学习。这种"先学后教"的三维课堂教学模式是有准备的互动与合作，让学生提出的问题更有针对性，更有深度和广度。

4. 按自我节奏进阶式的学习，满足学生自主学习的需要

在这种学习方式下，学生可以根据自己的学习情况掌握进度，可以按照老师的进度进行学习，也可以阶梯式超前进行，为学生提供很大的弹性空间。这种教学模式让学生自主学习的需要得到满足，从而大大增加了前进的动力。

5. 分享优质资源，实现教育的均衡

微视频实现了教育资源共享，为更多的学生提供优质的学习资源，尤其是能为教育资源贫乏的边远山区提供了宝贵的财富，弥补了教学上的不足，实现了教育的均衡。

二、翻转课堂产生的积极影响

1. 学生喜欢、感兴趣，对学习责任感增加

在课前观看微视频后，学生是有准备的，会带着问题走进教室，他们的求知欲会大大增强，能积极回答问题，并且相互合作、相互帮助，课堂效率因此大大提高。

2. 课堂中师生互动、合作学习增多

学生在课堂上提出不懂的问题，可以由其他学生协助解决。对于有难度的问题，学生们可以讨论完成。对于有争议、观点不一致的问题，大家可以运用相应的知识进行辩论或者由教师引领完成。这样的课堂能充分调动学生的积极性，互动和合作更有效，从而让更多的学生全身心地投入到学习活动中来。

3. 学生成绩明显改善

由于学生主动学习，多次观看微视频进行学习，再加上课堂上积极思考、大家相互帮助，知识掌握得比较扎实，所以，学习成绩有明显的进步。

三、翻转课堂带给我们的思考

1. 教师的表述与实际的偏差问题

在微视频中，教师的书写都是用手写板进行的，这种书写效果远远不如教师在黑板上的板书正规，对学生的书写规范没有起到很好的引领作用。另外，教师的手写板画图显示不够清晰，没有认识基础的低年级学生会产生认识上的偏差，从而影响知识的准确度，会产生一定的误导。

2. 学生理解层次不同的问题

由于学生的理解层次不同，在观看微视频后，有的学生理解了知识，有的学生没有理解。学生在课堂上提出不理解的知识点，老师讲解还是不讲解？不讲解，有些学生会因此产生知识漏洞；讲解，则会耽误已经理解了的学生的时间。再有，有的学生碍于面子，不敢把自己不理解的问题提出来，这样日积月累就会导致学生之间的差距越来越大。

3. 多学科、多知识点同时进行翻转课堂的问题

若一个学科一节课里只有一两个知识点的微视频学习，学生可以看完。如果一节课里该科目有多个知识点，学生不能看完；或在没有观看的前提下步入课堂，学生的学习就会很被动。若有多科目、多知识点同时运用微视频进行学习，学生学习的效果更加没有保障，学生学习兴趣的"保鲜度"相应也不会维持太久。

总之，我们在欣赏、学习翻转课堂优点的同时，不能忽略还存在有待解决的问题；若相关问题能够解决或者避免，那么，这种教学模式就更趋完美了。

第三章

走进项目式学习

第一节 什么是项目式学习

项目式学习（project-based learning，PBL）强调营造一个真实且切身的探索学习历程，鼓励学生和同伴或与专业人士的合作式自主性学习，通过动手实操，解决生活情境中具有挑战性的问题，并将学习成果对外公开展示或实际应用在真实的情境中，以培养学生在人工智能时代所需的关键核心能力，即思辨能力、复杂问题解决能力、合作能力、沟通能力与创新能力。[①]

一、实施项目式学习的意义

项目式学习是一种教与学的模式[②]，更强调学生在教学过程中的主体性和主动性。项目式学习突出以解决具有现实意义的问题为目的导向，通过提出问题、规划方案、解决问题、评价反思等几个环节，让学生进行主动探究学习。它以问题导向的教学方法为基础，是基于现实世界的、以学生为中心的教学方式，不仅仅在于解决问题，其结果还指向某个具体的项目。

因此，从本质来看，项目式学习符合课程标准所提倡的"以教为中心向以学为中心转化"，是一种探究学习方式。例如，中学生物学课程，其本质就是研究生命现象和生命活动规律的课程，以真实的生命为研究基础，且与信息技术和工程技术的结合日益紧密，因此，在生物学课程教学中，应用PBL具有独特的意义。

1. 发挥学生的自主性

项目式学习的一个重要特点，就是学生的选择性。学生根据自身的兴趣来确定学习的主题和内容，例如，同样是学习微生物发酵的内容，学生可以选择研究泡菜或酸菜的制作，也可以选择酿酒、酿醋等，或者尝试自制酸奶。由于学习的主题和内容是学生选择的，也是学生的兴趣所在，因此，学生具有积极的学习动机，学习热情持续时间长，并能主动去发现问题和解决问题。项目式学习从论证选题、收集资料，到作品制作、技术解决，及成果

[①] 林奇贤：《"互联网+项目式学习"是现代教育变革的选择》，载《中小学信息技术教育》2018年第7期，第48页。

[②] 胡佳怡：《项目式学习的本质、模式与策略研究》，载《今日教育》2016年第4期，第47-49页。

展示，大部分由学生自主完成，教师往往只起到指导者和协助者的作用，充分体现学生的自主性。学生的自主性，在学习活动过程中体现为自主意识和主体意识。项目学习充分尊重学生的个性和选择，更能发挥学生的主观能动性和创造性。所以，学习者在学习的过程中，学习方式、手段、风格和策略等的选择具有最适性，这比平常的讲授教学更具针对性。

2. 跨学科学习的交叉性

跨学科解决问题，这是项目式学习的另一个典型特征。项目学习中，探究的问题往往具有跨学科的特点，即学生无法以某一门学科的知识来解决问题。如前面所提到的例子，发酵原理是属于生物学的知识，但微生物发酵过程中的各种条件控制，如空气、温度、pH 值、含水量等条件控制，涉及数学、化学、物理和工程学等学科知识。学生的学习过程，需要综合运用多学科知识来解决问题，故在项目式学习的整个过程中，解决问题具有学科交叉性。但是对学生来说，并不具备所有学科知识，如初中生物学，学生并不具备系统的化学知识，因此，学习过程必须学会综合利用多种学科知识，这也使学生的综合思维能力和操作技能得到提升，对其他学科的学习具有正反馈意义。

3. 学习对象的真实性

项目式学习研究的问题是现实生活中真实存在的一些问题，所以，它能很好地将学科知识与现实生活联系起来。与传统的学科教学相比，项目式学习在一定程度上突破了时空的限制，很多情况下必须在课后继续学习，并需要借助相应的社会资源。例如，生物学中的微生物发酵知识，既是人类文明生活的一部分，也随着科学和技术的进步，其内涵与外延不断丰富，应用到人类生活的方方面面；除了食品工程，微生物发酵知识在医药制造、污水治理等方面也大有作为。这些知识的应用存在于真实生活中，要求学生对课堂外的现实世界进行调查研究，如收集资料、现场测量、人员访谈等活动，这些学习内容均来自现实生活，而非停留于书本上的抽象概念。

4. 学习过程的合作性

项目式学习主张协作学习，即学习者之间是一种分工与合作的关系。限于学生的年龄特征，解决较为复杂的现实问题存在一定的困难。项目式学习的一个项目或课题往往无法由个人单独完成，所以主张以小组合作学习的方式进行。通过这种学习策略，学习者通过讨论达成共识，对学习任务进行合理的分工，遇到新问题再进行协商和讨论。它充分体现了合作学习的精神，强调了学习体验，加强了学习者之间的相互交流，也培养了学习者的交流能力。

5. 学习结果的创新性

项目式学习的学习内容并不仅限于教材上罗列的知识，而是现实生活中的一些实际问题，所以，学生需要创造性地利用所习得的知识与技能来解决问题。同样是利用乳酸菌的发酵过程，原理上都是利用细菌的无氧呼吸，但制作酸奶与制作酸菜的要求和工艺并不相同，需要学生去解决实际问题。因此，项目式学习为学生创造了一种发挥创造力的宽松环境，除了项目所解决的问题多样化，学习的结果也是多样化的，学生间的交流无疑为他们的学习提供了更多的思想和方法。

6. 能力培养的综合性

项目式学习的前提是由学生首先提出一个问题，这个问题不是学生凭空想象出来的，而是需要结合所学知识，然后通过收集、分析和处理资料，形成解决问题的方案，再把这一方案付诸实施，形成相应的作品，最后通过表达交流的方式，陈述解决问题的观点和策略。仍以发酵原理为例，学生在学习过程中，必须亲自动手来解决实际问题，除了需要收集微生物的无氧呼吸相关知识，还要了解不同微生物无氧呼吸的特点，如温度、湿度要求，发酵时间或发酵曲线，如何保湿、保温，以及确保方案的可行性。更重要的是，学生必须完成相应作品——发酵后的成品，才算是完成一个项目式学习。制作过程不仅要有知识的应用，也要有解决实际问题的综合分析，同时还要动手操作。

知识的学习不是目的，而是一个过程和方法。立足现实社会复杂而综合的问题，是学生学会处理信息的途径，也是基于项目式学习的基本目标。在基于项目学习中，学生学会信息收集与交流的方法、调查和访问的技巧、统计测量的方法、发表和讨论的方法以及自我评价和相互评价的方法，从而获得终身学习的能力。

二、基于项目式学习的学科教学

1. 学习维度

本书主张的 PBL 模式是一种教与学的模式，也就是说，既关注"教"更强调"学"。学生在实际的社会生活环境中学习和应用知识，贴近生活实际也是课程标准一再强调的，说明学习不能脱离社会实际。项目式学习的最终成果是学生的作品，这需要学生对知识进行有意义的建构，突出学生的主观能动性。从生物学教学的维度来看，项目式学习可以归纳为以下几个关键方面：①学什么？即学习内容的确定，从单一学科的要求上，学习内容是本学科的核心概念和重要原理，生物学则统称为大概念。②为何学？即学习的目的性，项目式学习强调解决真实问题，不仅实现学科知识的学习，同时也体现了学科的社会价值。③如何学？即学习策略的问题，项目式学习通过小组学习、自主探究来获得知识，强调动手实践能力的应用，是真正意义上的做中学。④学得怎样？即对学习结果的评价，对 PBL 学习的评价包括学生获得的知识、学生习得的方法以及最终完成的作品。（如图 3-1 所示）

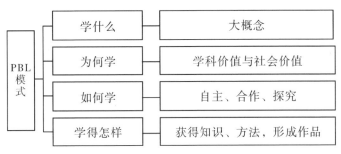

图 3-1 PBL 的学习维度

2. 管理维度

2019 年，世界教育创新峰会（World Innovation Summit for Education，简称 WISE 峰会）宣布，将被誉为"教育界诺贝尔奖"的 2019 年度教育奖授予美国圣地亚哥公立特许学校高科技高中（High Tech High School，简称 HTH）的创始校长兼首席执行官拉里·罗森斯托克（Larry Rosenstock）。罗森斯托克的贡献是在学校的课程教学中引进项目式学习。这说明在学校的学科教学中，采用 PBL 模式是可行的。拉里提出项目式学习"6A"元素。

（1）学术严谨（academic rigor）。每一个项目都是一个学科的内容，因此需要有严谨的学术态度。项目应由学校或当地制定关键的学习标准，以此来帮助学生培养与学术和专业标准相关的思考与学习习惯。

（2）真实相关（authenticity）。项目应结合现实生活背景（如社区和工作场所中的问题），解决与学生相关的问题。

（3）应用学习（applied learning）。项目应让学生完全参与进来，引导他们去解决半结构化问题，以此培养学生的合作能力、解决问题能力、交流能力等。

（4）积极探索（active exploration）。积极探索就是要走出学校，到真实世界中去，去观察、去访谈、去参观。项目需拓展到课堂之外，与实习、田野调查、社区探索相结合。

（5）成人参与（adult connections）。学生应该走出教室，和成人世界建立联系。所以，项目应该邀请社区的成人导师和教练加入进来。

（6）评价练习（assessment practices）。学生的作品要有真实观众，这一点非常重要。只有真实观众的存在，学生的工作才会显得更加重要，在他们意识到重要性之后才会更加认真地工作。项目可以让学生参观展览，分别从自身、学校、社会的角度评价他们的作品。

"6A"元素清晰明了，对教学实践有直接意义。在整个项目过程中，学生们提出问题，确定自己的学习目标，随后独立进行资料收集、整理、研究等工作，最后在团队中进行讨论。可见，项目式学习实际上扩展了学科课程的广度和深度，而这种扩展是基于学生的"最近发展区"，增强学生解决复杂问题的技能。项目式学习中，学生的学习存在多点同步的现象，即不一定遵循课程内容的编排顺序开展学习，学习中存在多个单元的知识构成的复杂问题或观点，还有多学科交叉的问题，因此，内容是较为宽泛的。

3. 教学维度

从提出问题到作品交流，项目式学习的步骤与自然科学的探究过程非常相似，科学探究一般过程是：提出问题→做出猜想→设计方案→实验探究→收集证据→解释结论→反思评价→表达交流。科学探究是探索未知，与科学探究不同的是，项目式学习是根据已知的知识去解决现实中的问题，设计方案时进行"头脑风暴"，即小组充分讨论，并制定相应的量规，以评价项目进度和需要完成的工作。（如图3-2所示）

图3-2 项目式学习的一般流程

从项目式学习的一般流程可以看出，学习过程类似于翻转课堂，教学时提供任务和资源，学生自主完成学习过程，通过交流评价实现学生的自我反思，促进学习过程的自主建构。中学生的批判性思维正处在发展阶段，因此，项目和问题的确定不是一件容易的事。一是项目的选定必须与学科知识内容密切联系，要与当前教学主题相吻合；二是项目的选择与日常生活相关，并且学生有能力开展此项目；三是项目涉及多门学科知识，教师的指导必不可少。正如前面所提到的微生物发酵原理，学生可能只是将其简单地看成"微生物在无氧条件下的呼吸"，并没有理解到无氧呼吸的概念本质。可见，在选定项目或主题时，学生容易知其然而不知其所以然，因此，学生的"选题"离不开教师的指导。

第二节 项目式学习的教学设计原则

项目式学习以解决真实或接近真实情境中的问题为导向，这一特点与生物学课程的性质相一致。生物学课程要求学生主动地参与学习，在亲历提出问题、获取信息、寻找证据、检验假设和发现规律等过程中习得生物学知识，养成科学思维的习惯，形成积极的科学态度，发展终身学习的能力。学生利用PBL进行学科学习的同时，解决现实生活中的实际问题，模拟科学探究的过程，从而不断提升自身的思维品质。故基于PBL模式的生物学教学设计，应遵循以下原则。

一、综合性原则

传统的教学属于分科教学，学科间虽有交叉，但各成体系且界限明显。项目式学习具有跨学科特点，学生在解决问题的过程中，应用多学科的知识，通过项目建立各学科的联系，不再注重单一学科，而是主要关注特定问题的解决。在解决问题的过程中，学生能将多学科的知识关联起来并分析、解决问题，跨越学科的界限，从多学科知识角度解决问题的教学目标，从而培养学生的综合能力。

二、情境性原则

项目式学习强调在解决真实或接近真实情境中的问题，注重学习的情境性，这就要求教学要将学生与现实生活相联系，让学生利用所学的知识去解决现实生活中的问题。在教学的过程中，主要是创设真实的教学环境，从现实生活中寻找素材。素材的选取应符合学生的认知发展和心理发展特点，可以是学生生活中所遇到的问题，这样不仅具有鲜明的生活性特征，而且具有真实性。在我们生活中会遇到很多问题，比如水资源浪费、生态环境破坏和不实消息的传播等，利用所学知识解决生活中存在的问题，可以激发学生的学习兴趣，同时也让学生充分感受到学习的价值。

三、实践性原则

"做中学"是项目式学习的重要特征，学生主要通过实践的形式进行学习，在实践中可以让学生充分体会学以致用，注重知识在现实生活中的运用，在实践中发现问题、解决问题。例如，中学生物学离不开实验，通过实验，学生有更多动手操作的机会，不但可以提高动手实践能力，还可以增强体验性。中学生物学开展项目式学习，学生可根据自己的兴趣爱好，设计符合自身能力的实验方案，在实验中构建自己的知识体系，达到理论与实践的统一。

四、协作性原则

以跨学科为核心的STEM教育，其组织方式主要是项目式学习。项目式学习具有小组合作学习的特点，通过小组的形式交流看法、讨论意见，设计、修改并完善方案，彼此之间互相启发，加强思维或想法的关联。人是群体性动物，在未来的社会中，很多时候需要与别人共同合作完成一个项目或者一个任务；能够更好地融入团队并与队友们团结协作是有效完成任务的一个必要条件。项目式学习提倡学生以小组合作的方式完成一个项目或者主题，这不仅有利于小组长提高领导能力，而且可以提高小组成员之间的沟通交流能力、小组合作能力等。

第四章

翻转的项目式学习

第一节　新的教学方式需要教师角色转型

　　2020年,一场突如其来的新型冠状病毒肺炎(简称"新冠肺炎")疫情打乱了人们生活、工作和学习的节奏。在新冠肺炎疫情防控背景下,为了坚决遏制疫情蔓延势头,教育部提出了关于"停课不停学",中小学延迟开学期间学生居家学习,开展线上教学的工作要求。学校和教师还未来得及认真筹划,就要开始实施线上教学了。各类在线教育平台纷纷推出免费直播功能,各类线上资源蜂拥而至。直播课堂看似跟常规课堂最相似的方式,但实质上与面对面课堂教学有着很大的不同。然而,不少学校和教师并未意识到其中的区别,以为直播课堂就是线上教学,于是制定出跟常规教学一样的课程表,教师在家里借助直播平台进行网络授课,学生则在家里按课表听课。在课堂直播的过程中,各种各样的问题出现了。例如:为了熟悉各种直播平台的操作方法,教师耗费了大量的时间与精力,尤其是年龄偏大和信息技术应用能力不强的教师;直播课堂难以监控学生的行为,不知道学生是否在听讲,即使在课中以点名或答题等方式进行抽检,也会经常发现学生没有反应,事后解释是因为当时出现了网络突然掉线了、声音没有了等情况。传统的教学模式,已无法应对新的挑战。

　　大数据正在重构我们的教育生态。在数据驱动下,传统的课堂结构被颠覆,课堂流程被再造,从教学理念到教学方法,从教学资源到教学环境,从教学模式到教学管理,从教学诊断到教学评价,一切都发生了变化。在大数据时代,教师角色正在转变:一是由知识占有者转变为知识整合者,二是由知识传授者转变为学习引导者,三是由课程执行者转变为课程开发者,四是由课堂主导者转变为课堂组织者,五是由作业布置者转变为资源汇聚者,六是由正误裁判者转变为意见交换者。

　　在新冠肺炎疫情防控背景下,广州市海珠区信息技术学科按照"一个学科一个年级一门课程,一门课程供全区使用,减轻教师负担"的原则,以搭建网络课程为载体,构建网络学习共同体,采用翻转的项目式学习,让师生随时随地,泛在学习。

附录

新冠疫情防控期广州市海珠区信息技术学科线上教学方案

一、关于网络课程

1. 目标：通过搜集、筛选网络上有关新冠疫情的各种报道与信息，引导学生主动关注疫情进展；学会运用技术工具（Excel、WPS、PPT、画图、音频、视频编辑器等）制作出电脑作品；从而发展学生的信息意识、信息社会责任和批判性思维，促进学生家国情怀的养成。

2. 平台：采用UMU互动学习平台，学生无须安装，直接扫码或点击网址进入学习。

3. 时间：8周（2020年2月17日至4月17日）。

4. 在线学习资源：按照"一个学科一个年级一门课程，一门课程供全区使用，减轻教师负担"的原则，自主开发了四年级至八年级共5门课程。（见表4-1）

表4-1 疫情期间在线学习资源

年级	二维码	网址
四年级		齐心协力，抗击新冠肺炎（海珠区四年级信息技术项目式网课）-UMU互动学习平台 https://m.umu.cn/course/?groupId=4093977&sKey=f42781be3ebefc7e04a61e7a47177d26
五年级		为武汉加油，传递正能量（海珠区五年级信息技术项目式网课）-UMU互动学习平台 https://m.umu.cn/program/357188704b8fcc7348c7ce42
六年级		抗击新冠，我们在行动（海珠区小学六年信息技术课）UMU互动学习平台 https://m.umu.cn/course/?groupId=4262547&sKey=0988b3ffe0398779b6f3f43c96d92108

(续表 4-1)

年级	二维码	网址
七年级		抗击新冠，致敬逆行者（海珠区七年级信息技术网络课程）- UMU 互动学习平台 https://m.umu.cn/course/?groupId=4256500&sKey=ab03e64b8d4ee60ef7460fe99dae1078
八年级		抗击新冠，拥抱阳光（海珠区八年级信息技术课）- UMU 互动学习平台 https://m.umu.cn/course/?groupId=4284507&sKey=3b8b998c8337fbeabd358ecbeef9635c

二、关于教与学的方式

（一）教师怎样做

1. 点击下面链接进入并完成注册（已有 UMU 账户可忽略）https://m.umu.cn/index/invite?group_id=e251bc41924a405fea6261d5#invite。

2. 扫码或点击链接（见表 4-1）进入相应年级的网络课程，熟悉课程内容，并发信息给课程负责人（通过 QQ 群），申请协同备课（2020 年 2 月 15 日前完成）。

3. 与课程负责人一起研讨，丰富、完善课程资源，如添加课程小节，提供相应的微课等。

4. 作为辅导教师指导学生分组、网络答疑、评价学生作品和进行问卷调查的数据统计与分析。

（二）学生怎样学

1. 直接扫码或点击网址进入学习（随时随地，可避开上网高峰时段）。

2. 按课程提示，通过 QQ 群或微信等方式进行分组和小组讨论，并按时完成相应的任务和提交电脑作品。

三、关于评价

1. 调查问卷。网络课程已为学生设置了相关的问卷（根据实际案例细化设置问卷题目），辅导老师每周进行统计，并分析了解学生的学习情况。（见表 4-2 至表 4-6）

表 4-2 小组合作学习观察

序号	行为表现	是/否	具体事例或内容
1	本小组是否形成了有效的领导（"组长"）		
2	每个人都有分工		
3	有无事可做者		
4	任务目标明确		
5	有设计或计划		
6	由讨论完成设计或计划		
7	在学习过程中能集中精力于任务		
8	能坚持不懈地执行任务		
9	能与别人一起工作		
10	观望别组的做法		
11	有不同意见时能听取别人的意见		
12	完成了任务		
13	出色地完成了任务		

	内容
小组自评、反思	优点： 不足：
备注	

表 4-3 个人和同伴合作自评

序号	观测点	检测结果	示例
1	我充分参与小组所有的活动		
2	我在必要时以恰当的方式承担领导责任,以便按时要完成任务		
3	我仔细倾听小组成员的意见		
4	我提出建设性意见或建议		
5	我和团队成员一起工作得很好		
6	团队成员需要时,我会帮助他们		
7	我承担了小组的工作		
8	按时完成了分配给我的任务		
9	我不需要提醒,能一直关注完成任务,解决难题		
10	意见不同时,我能尊重小组成员的想法		
11	我能为小组创造愉悦的合作氛围		
12	即使遇到难题或挑战,我也能持积极的态度		
13	作为小组成员我做得怎么样?哪些方面做得比较好?别人愿意和我一起完成任务吗?		

表 4-4 具体环节中合作学习检查清单（评价量规）

序号	观测点	经常	有时	几乎没有
1	我们以小组的形式进行了讨论,每个成员都要说出自己的观点			
2	我们明确了学习任务			
3	相互倾听,并能根据对方的意见提出相关的问题			
4	对于不同的问题我们说出了自己的想法与大家分享			
5	我们一起学习,一起解决问题			
6	我们的讨论对学习有帮助			
7	互相鼓励			

表4-5 评价小组完成任务的表现

分类	4分	3分	2分	1分	得分
理解任务	我们表现出对任务内容、过程和要求透彻的理解	我们对任务内容和过程有足够的理解,尽管有些观点或细节被忽视或误解	我们在理解任务内容和过程方面有一定的差距	我们对任务和内容的理解不透彻	
完成任务	我们实现了任务的全部目标,有深刻的见解,总结了经验和办法	我们完成了任务	我们完成了大部分任务	我们试图完成任务,但未能成功	
交流发现	我们有效地交流想法和发现,提出有趣的前瞻性问题,超出期望	我们有效地交流想法,有了发现	我们交流了想法	我们未能交流想法,各干各的	
小组进展状况	我们充分利用所有时间。每个人都对小组进程和作品做出贡献	我们大多数时间都工作得很好。我们经常彼此倾听,相互借鉴观点	我们有时在一起工作。不是每个人都为小组任务付出努力	我们没有凝聚在一起工作。有人没为小组做出贡献	
问题解决	问题没有难倒我们。我们预见了困难,并一起解决问题	碰到困难时我们一起解决它	我们作为一个小组本应该更富有成效	有些人做得多,有些人做得少,还有人观望	

表4-6 总结反思与作品评价

作品提交	
作品信息	名称:　　　　　　　制作者: 作品内容简介:
总结反思	
作品评价	自评:　　　　　　　他评:

2. 学生作品展示活动。5月中旬，组织"抗击新冠疫情，致敬逆行者：海珠区学生作品展示活动"，通过全区推送并进行网络投票，评选出"最具人气作品""最有创意作品"等优秀作品活动。

第二节　什么是翻转的项目式学习

以大数据、5G、人工智能为代表的新一代技术的发展和应用，让人才培养模式发生了深刻的变革。传统的教学难以适应社会的发展，基础教育课程改革呼唤新的教学方法。近两年，笔者对翻转课堂和项目式学习做了大量的教学实践和研究。研究发现，项目式学习让学生在主动参与到解决现实问题的过程中，实现从现象到理论和规律的思维建构，凸显解决问题能力的培养。翻转课堂的"先学后教"，让思维课堂成了可能。两者都能体现以学生为中心，将两者有机融合，有利于培养学生解决实际问题的能力和创新思维，让他们在未来能更好地适应人工智能时代的生活。

一、基于翻转课堂的项目式学习

1. 翻转

本章中的翻转既是教学理念又是教学方法。萨尔曼·可汗在《翻转课堂的可汗学院》中对"翻转"一词做了如下定义："让学生按照自己的学习进度在家中听课，然后再在课堂上与老师和同学一起解决疑问。"本章中的"翻转"分为课时翻转和学期翻转。

课时翻转：前一课时，学生通过阅读学习材料和观看微课等形式自学；后一课时，学生通过讨论、教授他人、练习、实验等形式一起解决疑难。

学期翻转：前半学期，学生在教师的指导下做小项目；后半学期，学生通过自主合作完成创意项目。

2. 项目式学习

项目式学习（project-based learning，PBL）源自美国教育家杜威（John Dewey）倡导的"做中学（learning by doing）"，本章中的PBL定义为：以真实的问题为导向，让学生综合运用多种学科知识与技能来解决问题，表达新学知识，展示和分享学习成果，学习过程始终伴随反思、评价、修正和多方支持。

3. 翻转的 PBL

笔者将翻转课堂与 PBL 有机融合的教学方法应用于学科教学，并将其命名为"翻转的 PBL"。

二、翻转课堂和项目式学习有机融合

杜威认为，科学教育不仅仅是让学生记忆百科全书式的知识，也是一种过程和方法。他主张教学应当遵循以下步骤：真实情境——发现问题——占有资料——提出假设——检验想法。当学生发现足以吸引自己的问题时，会根据现有资料，提出自己的解决办法和想法，大胆推论、猜想、提出假设性的答案。因此，问题源于真实的生活情境，让学生从感知开始引发兴趣，并根据老师提供的学习材料，大胆想象，提出解决问题的方法，是开展学科教学的思路。

根据克伯屈的设计教学法和杜威的"做中学"发展起来的 PBL 具有六个要素：真实的问题情境、跨学科、学生的话语权、成人和专业人士的参与、小组合作的作品、多元化的评价（如图 4-1 所示）。翻转课堂把知识的学习放在课前，课中通过师生、生生讨论，产生思维的碰撞，从而内化知识。这个是和项目式学习的学生的话语权要素为契合点。（如图 4-2 所示）

图 4-1 项目式学习六要素

图 4-2 翻转课堂和项目式学习契合点

在解决真实问题过程中需要综合运用多学科的知识,知识的学习是一个非常重要的环节。传统的教学实施过程以教师的讲授为主,学生缺乏自主探究的过程,以致发现问题、解决问题的能力得不到培养,不利于发展学生的创新思维。而翻转课堂的教学实施过程是将知识点的学习前置,课中通过问题讨论、练习等方式内化知识,教师可以设计不同层次的问题,让学生对问题的不同观点产生思维碰撞,从而培养学生的高阶思维能力,使思维课堂成为可能。

第三节　翻转的项目式学习在教学中的实施策略

——以基于在线测试的 Excel 专题复习课为例

在课堂教学中,教师只有恰当运用教学策略,才能提高教学的有效性。而有效的教学策略是教师实施有效教学的基本前提。

一、教学内容重组策略

复习课要求教师根据学生实际,对教材内容有所取舍,并进行科学加工,合理组织。同样的教材内容,同样的学生基础,由于教师对教材内容的不同处理,教学效果就不一样。

因此,笔者决定将 Excel 的复习分为专题复习课和综合复习课两类。前者在七年级下学期学完 Excel 后进行,主要是帮助学生系统地形成 Excel 的知识网络,以达到教材、考纲中的相关要求奠定基础。后者在八年级下学期进行,主要是考前冲刺的强化式综合复习。

1. 设计板块式的 Excel 复习专题

根据《广州市信息技术统考纲要》,客观分析 Excel 的教学内容,笔者把 Excel 的复习重组为以下三个专题:

(1) Excel 的格式编辑——精美的课程表。包括:表格内填充指定内容,修改单元格数据,调整表格列宽,工作表标签改名,复制、移动、删除表格中的内容,文字修饰,表格线框修饰。

(2) Excel 的数据编辑——老师的小助手。包括:插入行、列,用公式法计算总分、平均分,利用公式法进行有规律计算,函数法计算总分、平均分,删除行、列,数字格式,利用 RANK 函数排名次。

(3) Excel 的数据管理——健康饮食知多少。包括：排序（单值、多值），分类汇总，筛选（含自定义、通配符的使用），插入图表。

2. 精心设计呈梯度的练习题，提高练习效益

课堂练习是复习中的十分重要的环节。学生要做一定量的题目，以巩固基础知识并提高实操技巧。因此，教师设计练习题既要重视知识深度和知识体系，又要注重检查学生对知识掌握的程度；既有典型性、针对性、层次性，又具有启发性、时代性，以培养学生练一题习一法，举一反三的能力。同时，题目难度要适合不同学生的需求。

Excel 表格编辑、数据运算和数据整理三个专题的复习题，在形成资源的同时也起到了良好的练习导向作用。题目既全面覆盖相关章节的考纲考点，达到考试难度，又呈梯度设计，使学生逐步进入最佳的答题状态。

不管是哪一个专题课，都有两类材料是必备的：一是首选历年广州市初中信息技术统考的经典试题；二是必选学生失误的典型解答（含历届考生的和在教学过程中的反馈）。经典试题能涵盖考点设置、命题思路及其表达形式等方面的特征，可以成为学生感悟、了解并把握统考"考什么""怎样考"的典型范例，也是学生举一反三、触类旁通之本。选择以学生失误的解答为例，对典型错误进行具体的剖析和矫正，能使学生从反面获取知识和技能，能有效地使学生避免重犯自己或他人的错误，提高复习成效。

例如专题一，"精美的课程表——Excel 的格式编辑"中设置了这样一个题目：把 A1 到 F1 单元格合并，在合并的单元格中输入文字"课程表"，设置字体为黑体、字号为 22 号、加粗、红色、垂直居中、水平居中。这类经典的题目涵盖了多个格式设置的重要知识点，起到一题多练的作用。学生练习多了，自然就熟练了。

又如统考题：把所有人员的性别进行更换，男改为女，女改为男。当时这道题的得分率很低，因为很多学生都不懂两个数位置互换应该引入第三方变量的思维方式。因此，笔者在课堂给学生做了一个小实验：准备好两杯不同颜色的水，一杯红色，一杯蓝色，让学生思考"怎样把两杯水互换"。结论是一定要用到第三个杯子。这样既激发了学生的热情，又能直观地说明解题的方法。此后，学生做同类题目的得分率很高。

二、双向性备课策略

所谓双向性备课，就是关注学生的经验，教师从他们感兴趣的问题中筛选出一些有价值的、与教学密切相关的问题作为学习的主题。

布卢姆指出："有效的教学始于准确地知道需要达到的教学目标是什么。"即教师应该根据教学对象的实际能力确定教学的目标。每学期，笔者都会组织各班科代表开座谈会，了解学生学习的状态、效果以及其建议。课余，笔者喜欢跟个别同学聊天，了解他们喜欢的话题和想法，用于教学设计。记得有一次课间，笔者跟几个同学交谈，问他们的兴趣是什么，男生说喜欢打游戏等，女生说喜欢追星等，最后，他们一致认同在花市租个档位卖花和工艺品。后来，笔者把这一情境融入专题复习课"Excel 数据编辑"的教学设计中。在课堂上，同学们热情高涨，纷纷投入到相应的角色中，教学效果很好。

由此可见，学生学习的起点是影响学生学习知识最重要的因素。深入了解学生，找准教学的起点尤其重要。

三、教学过程的处理策略

1. 把握 Excel 专题复习课的特征

专题复习课是围绕某个专题内容，以巩固所学知识并提高运用知识解决实际问题的能力为主要任务的一种课型。它要求教学目标、教学内容的取向更集中，更具针对性；教学策略和方法更讲究操作性和实效性。学生自主学习、自我评估、分层落实知识成了教学的主要特点。

2. 渐进式循环复习

以"两轮递进强化"为手段，采用翻转的 PBL 教学方法，突显初中 Excel 专题复习的效益。教学过程呈两轮渐进式循环复习的特征，即第一轮复习采用翻转课堂的教学模式，通过基础题唤醒学生的记忆，起到对基本技能"查漏补缺"的作用。第二轮复习通过项目式学习综合应用，使学生进一步理解知识、技能的使用规律，建立知识的联系，形成知识网络，形成由浅入深、循序渐进的学习方式。

3. 启发思维，点拨适度

复习课不是重复一次新授课时所学的知识，而是以学生为基点，以训练为主线，促进学生头脑里形成知识链。所以，要注意创设思维碰撞的条件，开启和引导学生思维过程；注意创设学生自主学习和训练的情境，让其独立探索发现、思考顿悟并内化为能力。

教师需要在复习课中帮助学生将零散的知识进行再加工，融会贯通地建立完整的知识体系，并有序地储存于学生的大脑。如果我们只是"传"给学生一张由教师总结好的知识网络图，在学生的大脑中就不会留下很深的印象，更不会理解透彻；当在遇到问题需要对信息进行分析、推证、迁移时，就难以把握解决问题的关键。应该以《广州市信息技术统考大纲》中规定的考试内容要求为线索，通过精心设计的问题来组织教学，鼓励学生发现问题，引导学生由点连线、由表及里，层层深入地思考，让学生自己归纳总结出知识网络，并分析发现知识块之间的异同，悟透其中的内在规律及特性，从而达到强化记忆、提升对知识的理解和掌握的复习目的。

4. 及时反馈，提高复习成效

为了提高课堂教学效率，我们利用在线测试系统，研究开发了"Excel在线测试系统"，该系统能即时自动评改 Excel 的技能性操作练习题，并提供较全面的质量分析数据，如整体得分情况、错题频数排序等，加快了教学节奏，可让教师及时掌握学生学习状况以便调整教学策略；与此同时，学生也能正确评估自己的学习状况。这就使我们的课堂教学更有效。（如图 4-3、图 4-4 所示）

2007级04班		应考：37人		实考：37人
	平均分	合格数	合格率	优良数	优良率
成绩分析	83.63	34	81.8	28	75.68
	最高分	最低分	满分数	不合格数	零分数
	100	40	5	3	0
	标准差	区分度	信度	到达度	贡献率
	17.94	0.43	0.57	0.99	-0.33
分布情况	0%~10%	10%~20%	20%~30%	30%~40%	40%~50%
	0	0	0	0	2
	50%~60%	60%~70%	70%~80%	80%~90%	90%~100%
	1	4	16	7	7

图 4-3　分数段

图 4-4　知识点掌握情况

5. 引导学生及时反思总结

苏格拉底说过："教师应该成为课堂智慧的引领者，帮助学生进行课堂智慧的抉择，让课堂生成更有价值；及时捕捉有效信息，因势利导、巧妙点拨，把课堂中生成的具有教学价值的问题及时列为学习内容，整合成课堂学习资源，灵活地调整教学策略。"

在复习课中，要培养学生的反思意识，从而培养他们对基础知识的掌握、思考解决问题的方法。对学生大面积含糊的知识点，组织学生讨论，老师与学生共同反思、探讨解决问题的途径。

四、Excel 专题复习课的教学流程

1. 创设情境，导入课题

教师通过富有创意的设计，与回顾整理的内容有机结合，以一种新的问题方式呈现给学生，使学生有新鲜感和惊奇感，从而激发学生的学习兴趣。

例如，专题复习课"Excel 的数据管理"中设计了这样一个情境：据报道，"三脂高""肥胖症"是目前导致中学生体质不佳的主要因素，而促进身体健康的一个重要途径就是改变我们习以为常但并不科学的饮食习惯。请根据"常见食物 100 克中的营养成分表.xls"的内容，按照操作指导，比较、分析各类食品的营养价值，从而知道你最适合吃什么。

又如，专题复习课"Excel 的格式编辑"中创设的情境：新学年到了，学生会宣传部制作了精美的课程表样板供各班制作时参考。作为本班的宣传委员，你能按学生会的"制作指导"完成这一任务吗？

再如，专题复习课"Excel 的数据编辑"引入的情境是：我校八年级（9）班的邝旭铭等 18 位同学想尝试当老板的滋味，决定在 2009 年海珠迎春花市投一个档位卖精品。下面是他们的销售情况记录，究竟他们能否赚钱呢，请同学们算一算。

2. 回顾整理，构建网络

引导学生通过阅读专题学习网站或观看视频等形式再现知识点，并对知识点进行系统整理，唤醒学生的记忆，为构建良好的认知结构奠定基础。

3. 合作交流，解决疑难

组织第一轮在线测试，本轮练习重在对知识进行查漏补缺，让学生开展小组讨论、解决疑难。通过生生互动、师生互动，全面提升学生的知识、能力、情感等。教师对全班共性疑难问题给予点拨和指导。

4. 即时评价，自我反思

学生完成练习提交后，系统进行评改，反馈成绩单。教师引导学生反思收获或有待解决的问题。

5. 分层拓展，强化提高

针对学困生，指导其阅读专题学习网站的"学习帮助"后进行"错题重做"，然后进行第二轮在线测试；针对学优生，直接进行第二轮在线测试，学生可以通过专题学习网站的"学习帮助"进行自主学习，解决疑难。本轮练习根据重点、难点知识，联系生活实际设计典型例题或习题，引导他们进行析疑解难和重点强化；在此基础上适度拓展，创设具有综合性、探索性、

开放性等有层次的问题情境，让学生综合运用知识解决实际问题，提高综合应用能力。

6. 小结规律，升华认识

教师结合习题，引导学生明辨相近知识点的异同，归纳本专题知识的基本应用规律，使学生建构完整的知识网络。

教学反思：开发利用 Excel 技能学习在线评测系统辅助教学，对服务器硬件的要求提高了，该系统使用 Asp. net 和 Delphi 技术开发，基于 Windows 2003 Server 操作系统和 SQL 2000 数据库。课前需要教师花更多的时间进行题目录入，上课时需要教师提高应对突发事件的能力。

实践证明，有效复习的关键突破口是注重复习环节链上的系统有效性：复习目标有效——科学、简明、具体，要有达成的标志；复习容量有效——适量、适度，梳理知识结构脉络，提供相关的知识和信息；复习方式有效——选择适当，并创设特定的学习和问题情境；教学过程有效——突出重点，精心设计启发思维的问题和训练材料呈现的形式和顺序，提供适当的检测学习效果的材料，提供有效的学习指导。

总之，发展思维能力、想象能力和创新能力是新课程对课堂教学提出的重要要求。课堂教学只有充分调动和激发学生的思维积极性，才能有效引导学生主动建构知识，掌握解决问题的方法，提高知识的迁移能力，从而把学生的自主学习和教师的指导帮助在教学过程中有机、和谐地统一起来，提高教学的有效性。

五、示范应用

Excel 技能学习在线评测系统成功克服了传统技能测评系统的部分不足，主要表现在以下三个方面。

1. 紧扣教学要求提供数据支持，充分发挥教学诊断的作用

软件从教学实际需要出发，既可查询学生的个人成绩，还可统计全班或全级的总体数据；不但提供习题的错误频数，练习的信度、效度和区分度，还可反馈班级在全年级学生的到达度和贡献率，使教学中存在的问题迅速暴露无遗。

2. 多方激励，促使学生积极参与，有效学习

不同的学习态度是初中生成绩分化的重要原因。本软件主要从两方面进行激励：一是结合初中生好胜的心理特点，以历次练习成绩为基础，结合进步奖励分等项目，实行积分等级制；二是"成绩档案"，通过个人、集体历次练习成绩对比折线图和个人、集体主干知识点掌握情况对比柱形图发现学习问题，防止学习掉队，使学生学习积极性得到了显著的提高。

3. 基于在线测试的 Excel 专题复习"两轮递进式强化"教学过程结构

基于在线测试的 Excel 专题复习"两轮递进式强化"教学过程结构的构建，立足于在线测试统计的数据结果，过程简练。尤其是课堂的即时教学调整不再仅凭经验，这样针对性的复习是传统复习难以比拟的，即使是新老师也能把握住复习的关键。学生借助软件的"以评促学"，通过两轮复习强化，基本技能大为改善。此外，教学过程结构在应用、推广中也表现出对不同层次学校、老师具有较强的适应性和可操作性的需求，取得了良好的教学效果。

第五章

基于翻转的信息技术学科项目式学习

第一节　多媒体作品制作教学案例[①]

——"创意校园宣传片制作与展示"教学设计

一、教学内容分析

学习内容选自广东教育出版社出版的广州市信息技术教科书《信息技术》初中第一册第 3 章 "制作多媒体作品" 和初中第二册第 3 章 "App Inventor 手机积木式编程"。教材介绍了多媒体的制作和图像、声音、视频的采集与简单加工，以及用 App Inventor 来开发安卓应用程序；同时，在拓展教材内容中增加了无人机航拍这部分内容。学生通过无人机航拍获取视频，以及老师提供的现有素材，综合运用所学知识对素材进行加工，制作关于学校的宣传短片，然后开发安卓 App，用来展示、分享宣传短片。这节课的内容，需要学生运用多学科知识，可考验学生的综合素质。

二、教学对象分析

本节课的教学对象是广州市八年级的学生。在生活中，学生接触视频的机会比较多（如电视、网络等）。现在的中学生也喜欢进行一些课内或课外活动的拍摄，同时会对所拍摄的视频进行相应的处理。但是，对使用无人机进行航拍，基本上都没有接触过。总的来说，无人机飞行的原理、航拍的技巧、如何综合运用所学知识对素材进行加工，以及如何制作一个完整的宣传短片更好地表达主题，这些都是学生比较欠缺的。现在家家户户都有手机或者平板电脑，学生接触过形形色色的手机 App，但是，学生基本上都没有开发手机 App 的经验。

三、教学目标

1. 知识与技能

（1）了解无人机的工作原理，能控制无人机的飞行，能用无人机进行

[①] 本案例为广州市袁泽姬名师工作室的研究成果。

航拍。

（2）了解宣传片所包含的要素，了解多媒体信息加工的一般流程，学会综合运用多种软件加工素材，能用 Windows Movie Maker 制作宣传片。

（3）能用 App Inventor 开发展示视频作品的手机 App，了解手机应用开发的一般过程。

2. 过程与方法

（1）通过项目式学习，学生在真实的问题情境下发现问题，开展小组协作、活动探究，从而解决问题。

（2）通过积木式的 AI 手机编程，增强学习兴趣，培养计算思维。

（3）通过微课自学、用网页对作品进行评价等方式，让学生认识数字化学习环境的优势，逐渐养成数字化学习习惯，适应数字化学习。

3. 情感态度与价值观

（1）体验项目式学习的过程，培养团队合作意识，提高解决问题的能力。

（2）能理解并遵守相关的伦理道德与法律法规，认真负责地利用视频作品进行表达和交流，树立健康的信息表达和交流意识。

四、教学媒体选择

教学媒体：无人机，配备耳机、麦克风的多媒体计算机教室。

教学资源：微课、4 种学案、作品评价表、素材、信息采集、加工的多种软件。

五、项目主题

项目主题是创意校园宣传片制作与展示。小学六年级的学生到了升学季，他们正四处奔波寻找合适的初中。现在，我们运用航拍技术，通过小组合作来制作一个关于学校的宣传短片，帮助学生了解我们学校，并欢迎他们报读！同时，开发一个安卓 App 供学生们下载。在这个 App 上能看到我们学校的宣传短片，从而了解我们的学校。

六、教学理念与策略

本课采用翻转的项目式学习教学模式。翻转的项目式学习是袁泽姬老师提出的将翻转课堂和项目式学习有机融合的教学方法。知识与技能的传授不再是通过传统的"讲演练"来完成，而是以学生为中心，学生围绕真实的问题情境开展小组协作、活动探究，从而掌握相关的知识和技能，发展各项能力。项目式学习作为一种新型的学习方式，能有效地促进学生的深度学习和核心素养的养成。

七、教学过程

（一）前期课程

前期课程见表 5-1。

表 5-1　前期课程

序号	课程	目标
1	图像的采集与简单加工	1. 了解图像的数字化原理 2. 掌握图像采集的各种方法，熟悉常用的图像格式 3. 熟练掌握图像的裁剪、旋转、大小及亮度调整的操作
2	声音的采集与简单加工	1. 了解声音的数字化原理 2. 掌握声音的采集方法 3. 熟悉音频文件的常用格式 4. 熟悉音频文件的音量调整、截取、删除、重组、简单音效处理的操作
3	视频的采集与简单加工	1. 了解视频文件的常用格式及其播放软件 2. 学会用软件截取、编辑视频方法，以及了解视频文件格式的转换
4	认识 App Inventor	1. 了解 App Inventor 的启动方法和界面 2. 学会制作一个简单的应用 3. 了解测试 App 的方法

（二）项目主题和导师

1. 项目主题

项目主题：创意校园宣传片制作与展示。

一个项目由一个小组（6 位同学）来合作完成：策划师 1 人、航拍师 2 人、剪辑师 2 人、程序员 1 人。

2. 项目导师

全班学生按角色分成 4 个大组：策划组、航拍组、剪辑组、编程组，分

别由 5 位老师进行指导。（见表 5-2）

表 5-2 项目指导老师一览

组别	指导老师	所在单位
策划组	刘丹蓉	广州市第五中学
航拍组	洪敏仪	广州市江南外国语学校
	黎尚斌	广州市怡乐路小学
剪辑组	李应聪	广州市第九十八中学
编程组	周鼎	广州市新滘中学

（三）小组创建

6 人一组，确定组长、成员的角色及分工。组长组织大家确定宣传短片名称，同时负责填写分工表及协调、跟进各组员工作。（见表 5-3）

表 5-3 小组分工

小组名称：_____ 短片名称：_____

角色	负责内容	负责人（组长前面打"○"）
策划师（1 人）	1. 短片的构思、创意，确定整个短片用哪些媒体、素材；2. 撰写介绍学校的文字以及欢迎词（大约 100 字），并共享给剪辑师录制旁白；3. 把想法告诉剪辑师，协助其进行剪辑	
航拍师（2 人）	1. 学习无人机相关知识；2. 用无人机航拍视频；3. 截取航拍的视频片段，并导出 wmv 格式；4. 将转好格式的视频发到小组共享；5. 请剪辑师下载共享的 wmv 航拍视频	
剪辑师（2 人）	1. 用策划师提供的文字录制旁白；2. 按策划师的创意和想法制作宣传片，并输出成 wmv 格式；3. 用格式工厂转为 mp4 格式视频并共享；4. 请程序员下载刚才共享的 mp4 视频	
程序员（1 人）	开发、调试手机 App，用来展示视频	

（四）协作探究

1. 探究学习

学生按角色分成 4 个大组，在相应的导师指导下进行探究学习，完成各

自负责的工作,并填写相应的学案。(见表 5 – 4)

表 5 – 4 四个大组探究学习内容

策划组	航拍组	剪辑组	编程组
了解宣传片包含的要素及挑选素材的注意事项,完成"策划师学案"的 1～3 项内容: 1. 确定短片内容;2. 撰写介绍学校的文字以及欢迎词(大约 100 字);3. 共享学案给剪辑师	学习无人机的工作原理;用无人机航拍集体照	利用微课学习以下知识:常见的视频格式;用 Movie Maker 制作视频,包括添加片头、片尾及过渡效果;用格式工厂转换格式	通过学习网站与微课,学习用 App Inventor 开发安卓程序的基本步骤、过程,学会开发视频播放器

2. 学习体会分享

学生回到电脑室,回到自己的座位上。策划组、航拍组、剪辑组、编程组依次派一位学生上台分享学习体会。

3. 小组合作探究

分小组(6 人小组)合作探究,完成校园宣传片的剪辑和手机 App 的开发。没有填完学案的同学继续填写学案。

八、教学评价

各个小组派代表进行最终成果的展示,说说作品的亮点以及有待改进的地方。每组展示结束后,所有学生对该作品进行评价。(如图 5 – 1 所示)

最高分10分。以下10点,每点占1分。
宣传片:(1)文字内容通顺,无错别字和繁体字。(2)主题和表达形式新颖,构思巧妙、创意独特。
(3)剪辑流畅,后期制作完整。(4)播放清晰流畅,视听效果好。(5)字幕清晰,与画面搭配得当。
(6)特色加分:主题、技术、艺术的创新或独到之处。
手机App:(7)App能正常运行。(8)视频播放正常。(9)使用传感器。(10)添加多个视频。

*1. A组
　　1 ○1 ○2 ○3 ○4 ○5 ○6 ○7 ○8 ○9 ○10 10

*2. B组
　　1 ○1 ○2 ○3 ○4 ○5 ○6 ○7 ○8 ○9 ○10 10

*3. C组
　　1 ○1 ○2 ○3 ○4 ○5 ○6 ○7 ○8 ○9 ○10 10

图 5 – 1 "创意校园宣传片制作与展示"作品评价

附录

策划师、程序员、航拍师及剪辑师学案

"创意校园宣传片制作与展示"策划师学案

组别（字母）：_____　　　小组名称：_____

姓名：_____　　　　　　　短片名称：_____

一、项目主题

小学六年级的学生到了升学季，他们正四处奔波寻找合适的初中。现在，我们运用航拍技术，通过小组合作来制作一个宣传短片，帮助学生们从中了解我们的学校，并欢迎他们报读！同时，开发一个安卓App供学生们下载。在这个App上就能看到我们学校的宣传短片，从而了解我们的学校。

二、策划师负责的工作

1. 确定短片内容，填写下面的空格及表格。

思考1：一个完整的宣传短片要包含什么元素？

答：_____、_____、_____。

（1）片头素材。

媒体类型	具体内容
文字 （要包含片名）	
图片	
音频	
视频	

（2）正片素材。

媒体类型	具体内容
文字	
图片	
音频	
视频	

（3）片尾素材。

媒体类型	具体内容
文字	欢迎报读海珠外国语实验中学！ 策划： 航拍： 剪辑： 录音：
图片	
音频	
视频	

思考2：挑选素材要注意什么问题？

答：_____。

2. 在下面横线上输入介绍学校的文字以及欢迎词（大约100字），供剪辑师录制旁白用。

_____。

3. 把本学案保存、关闭，重命名为"×组策划师学案"（如"A组策划师学案"），上传到共享文件夹。

问：如何共享文件？

答：①打开共享文件夹：复制以下文本 FTP://10.21.95.220，打开"我的电脑"，粘贴到地址栏，按回车键。②选择要共享的文件按右键，选择"复制"，在刚才打开的共享文件夹按右键，选择"粘贴"。

4. 请剪辑师下载本组策划师学案，并把想法告诉剪辑师，协助其进行剪辑。

5. 在老师统一打开的页面中，对各组作品进行评价。

"创意校园宣传片制作与展示"程序员学案

组别（字母）：_____ 小组名称：_____

姓名：_____ 短片名称：_____

一、项目主题

小学六年级的学生到了升学季，他们正四处奔波寻找合适的初中。现在，我们运用航拍技术，通过小组合作来制作一个宣传短片，帮助学生们从中了解我们的学校，并欢迎他们报读！同时，开发一个安卓App供学生们下载。在这个App上就能看到我们学校的宣传短片，从而了解我们的学校。

二、程序员负责的工作

1. 各项任务完成情况。

序号	项目任务	是否完成（如完成，请打√）
1	按钮控制视频播放	
2	使用文本语音转换器	
3	用传感器控制播放	
4	播放多个视频	

（1）按钮控制视频播放。

（2）使用文本语音转换器。

（3）用传感器控制播放。

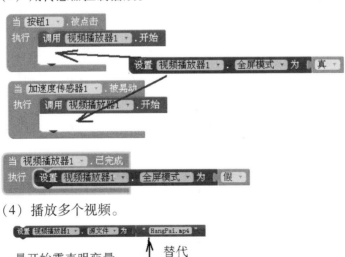

（4）播放多个视频。

2. 需要解决的问题(组织好文字内容简要填写)。

项目实施中可能遇到的问题	
一、如何导入视频	
注意问题	实施解决办法
(1) 文件小于_____	
(2) 分辨率为_____	
(3) 宽、高尺寸比例	
(4) 自动播放	
(5) 保证清晰度的前提下,时长太长解决方案	
二、使用多个语音或多种语言介绍	
注意问题	实施解决办法
处理英语翻译不准确	
三、摇动切换多个视频(注明是否使用"变量")	
注意问题	实施解决办法
不用变量	

（续上表）

使用变量	
四、二维码长期有效（两小时后）	
注意问题	实施解决办法

"创意校园宣传片制作与展示"航拍师学案

组别（字母）：_____　　小组名称：_____

姓名：_____　　短片名称：_____

一、项目主题

小学六年级的学生到了升学季，他们正四处奔波寻找合适的初中。现在，我们运用航拍技术，通过小组合作来制作一个宣传短片，帮助学生们从中了解我们的学校，并欢迎他们报读！同时，开发一个安卓 App 供学生们下载。在这个 App 上就能看到我们学校的宣传短片，从而了解我们的学校。

二、航拍师负责的工作

1. 学习无人机相关知识（跨学科知识）。

（1）了解无人机的旋翼。

旋翼的用途是：_____

（2）了解无人机的飞行状态。

（3）了解无人机飞行的原理。

无人机是利用牛顿_____工作定律的原理。

具体为：_____

（4）了解无人机的用途。

（5）了解无人机航拍的优势。

（6）四轴飞行器与无人机之间有什么差异？

2. 无人机航拍视频。

拍摄过程遇到的问题	解决对策及收获
1. 无人机航拍的视频有抖动的情况,怎么处理?	
2. 拍摄的景物不清楚或者视频里的景物较小,不易辨识,怎么办?	
如果你遇到其他的问题,请把解决问题的对策及收获填写在下表中	

3. 回到课室后,截取航拍的视频片段,并导出 wmv 格式(使用格式工厂)。

(1)观看格式工厂微课。

| 01格式工厂软件的安装(无声).avi | 2019\3\18 星期… | 媒体文件 (.avi) | 16,514 KB |
| 02格式工厂转换视频格式的方法(有声).avi | 2019\3\18 星期… | 媒体文件 (.avi) | 45,347 KB |

(2)安装格式工厂。

方法:找到 FormatFactory_setup.exe,双击便可安装。

(3)将航拍视频转换为 wmv 格式。

步骤一:将视频拖进格式工厂,选择 wmv 项。

步骤二:在格式工厂按"开始"。

步骤三:待文件格式转换完成后,找到该 wmv 文件,方法是点击该文件上面的黄色文件夹图标。

(4)将转好格式的视频发到小组共享。

问:如何共享文件?

答:①打开共享文件夹:复制以下文本 FTP://10.21.95.220,打开"我的电脑",粘贴到地址栏,按回车键。②选择要共享的文件按右键,选择"复制",在刚才打开的共享文件夹按右键,选择"粘贴"。

4. 请剪辑师下载刚才转好格式的视频,协助剪辑。

"创意校园宣传片制作与展示" 剪辑师学案

组别（字母）：_____   小组名称：_____

姓名：_____   短片名称：_____

一、项目主题

小学六年级的学生到了升学季，他们正四处奔波寻找合适的初中。现在，我们运用航拍技术，通过小组合作来制作一个宣传短片，帮助学生们从中了解我们的学校，并欢迎他们报读！同时，开发一个安卓 App 供学生们下载。在这个 App 上就能看到我们学校的宣传短片，从而了解我们的学校。

二、剪辑师负责的工作

录制旁白，制作宣传视频，保存项目，并输出成 wmv 格式，用格式工厂转为 mp4 格式视频提供给程序员。

1. 请分析与思考以下问题。

(1) 确定要采集的短片素材（   ）。（多选）

A. 旁白录音   B. 背景音乐   C. 图片   D. 航拍视频

E. 录屏

(2) 录音和背景音乐用何种格式（   ）。

A. wav   B. mp3   C. mid   D. wma

(3) 可以使用的音频处理软件（   ）。（多选）

A. Audacity   B. Windows Movie Maker   C. ACDSee

D. 格式工厂

(4) Windows Movie Maker 可用导入的视频格式为（   ）。

A. mp4   B. mp3   C. wmv   D. jpg

(5) 如何进行音频处理请排序（1、2、3、4）。

(   ) 挑选背景音乐，选择 30~60 秒片段，遇到问题(解决方法)_____

(   ) 录制旁白 30~60 秒，遇到问题(解决方法)_____

(   ) 导出格式为 mp3，遇到问题(解决方法)_____

(   ) 裁剪修饰，遇到问题(解决方法)_____

(6) 如何进行视频处理，请排序（1、2、3、4……）。

(   ) 拖曳素材到时间线并调整，遇到问题(解决方法)_____

(   ) 导入图片、视频、音乐，遇到问题(解决方法)_____

(   ) 为视频配乐，遇到问题(解决方法)_____

(   ) 制作片头，遇到问题(解决方法)_____

(　　) 制作片尾，遇到问题(解决方法)_____

(　　) 添加过渡和特效，遇到问题(解决方法)_____

(　　) 导出影片，遇到问题(解决方法)_____

(7) 如何进行视频格式转换，请排序（1、2）。

(　　) 导入视频，遇到问题(解决方法)_____

(　　) 导出视频格式为mp4，遇到问题(解决方法)_____

2. 把本学案保存、关闭，重命名为"×组剪辑师学案"（如"A组剪辑师学案"），上传到共享文件夹。

问：如何共享文件？

答：①打开共享文件夹：复制以下文本 FTP://10.21.95.220，打开"我的电脑"，粘贴到地址栏，按回车键。②选择要共享的文件按右键，选择"复制"，在刚才打开的共享文件夹按右键，选择"粘贴"。

3. 请程序员下载本组剪辑好的mp4视频，填写本学案。

4. 在老师统一打开的页面中，对各组作品进行评价。

第二节　网络基础及应用教学案例

——"网上收集信息"教学设计

一、教学内容分析

本节课是教授学生如何从网上获取信息、选择信息，并且学会搜索相关主题的信息，是培养学生信息技术能力十分重要的内容。

教学重点：
（1）分类收藏网址的操作方法。
（2）利用搜索引擎收集信息的基本操作。

教学难点：
如何选择切合主题的关键词，提高信息检索效率。

二、教学对象分析

初二学生具有一定的上网浏览信息、查找信息的经验，求知欲强。但是，他们对网络知识缺乏系统地了解，快速查找相关主题信息的能力还有待提高。

三、教学目标

（一）基本目标

1. 知识与技能
（1）掌握分类收藏网址的操作方法。
（2）掌握搜索信息的两种基本方法：关键词检索法、分类目录检索法。
（3）了解提高检索效率的方法。
（4）学会保存网上图片的方法。

2. 过程与方法
让学生在动手操作的过程中发现问题、解决问题，进一步提高信息处理能力。

3. 情感态度与价值观

（1）培养学生爱广州的情结。

（2）培养学生团队合作精神。

（二）发展目标

学会使用网络资源，进行其他学科的学习。

四、教学媒体选择

多媒体网络教室。

五、教学理念和策略

以"翻转的 PBL"为主要的教学模式，以主题探究学习的方式，通过小组协作进行学习，培养学生自主学习、协作学习的能力。

（1）创设学习情境"广州一日游"，激发学生的学习兴趣。

（2）设计特定的学习任务，让学生围绕主题"广州一日游"，利用搜索引擎收集信息，然后填表。

（3）让学生以小组为单位协作学习，还可以通过 BBS 进行教与学的交流。

（4）利用"网上收集信息"专题学习网站，展开教与学。

六、教学过程

1. 巧设问题导入，激发兴趣

现在正值广交会期间，你想盛情招待一个外商朋友，你会如何安排这一天呢？（提示：通过上网收集相关信息，安排外商朋友广州一日游、品尝广州美食、购物等）

2. 使用收藏夹收藏广州一日游和美食的网址

请同学把相关网址整理成两类（旅游、美食）文件夹并添加到收藏夹里。（每个文件夹至少有两个网址）

操作步骤如下所示。

（1）打开要收藏的网页。

（2）单击"收藏"—"添加到收藏夹"—"新建文件夹"。

3. 搜索引擎（请同学查找到相关信息后填表）

提问：互联网上的信息丰富多彩，我们怎样快速查找自己所需要的信息呢？

搜索引擎是由网站提供的专门帮助人们查找信息的工具。

搜索引擎的检索方法如下所示。

（1）"关键字"检索法。

教师示范在搜索内容的窗口分别键入关键词"广州一日游"和"广州一日游路线"，说明通过缩小检索范围，提高检索效率。

（2）"分类目录"检索法。

为了方便用户，很多搜索引擎都将网上的可查信息按照主题分门别类设为"目录"，如体育、娱乐、新闻等。

（3）让学生利用专题学习网站的课堂测试题进行网络答题，以即时检测学生网上查找信息的能力。

4．保存图片

（1）用鼠标右击要保存的图片。

（2）单击"图片另存为"，弹出"保存图片"对话框，选定路径、文件名即可。

5．课堂小结

（1）"关键词"检索法：在上网搜索信息前，一定要清楚待查信息的关键词，我们可以先输入一个主关键词进行搜索，如果发现搜索到的结果太多或者没有用，说明这个关键词不明确；再次搜索，在"高级搜索"中输入第二个关键词，一般都能查到所需信息，如果仍然查不到，可以再添加一个关键词。

（2）"分类目录"检索法：逐级查找，只能找到相关的网站，而不是这个网站上某个网页的内容，查找的前提是我们对知识的归类很明确。

七、教学评价

（1）让小组长对本组成员把网址添加到收藏夹的操作进行评分。

（2）所有同学都要把"广州一日游"网络学习表填好，并上传到FTP服务器。

（3）利用"网上收集信息"专题学习网站进行网络答题。

八、教学反思

本节课以"广州一日游"为主线索展开教与学，体现了任务驱动的教学模式在培养学生主题探究能力和激发学生学习热情的效果：利用专题学习网站让学生进行自主学习，通过 BBS 进行课堂交流，找到解决问题的途径。

教师通过填写网络学习表，发现学生查找信息的能力参差，在之后的课堂教学上要注重个别辅导，从而提升学生的整体水平。

附录

"广州一日游"网络学习

收集著名景点的信息，设计适合不同时段观光的景点（分早晨、中午、晚上）。收集美食资料、购物地点、天气情况等信息（为历史古迹、美食、购物、天气预报四个方面）

查找的信息	具体内容	相关照片	所使用的搜索引擎（名称及网址）	所使用的检索方法	信息来源（网址）
广州一日游路线					
广州美食（早餐、午餐、晚餐、小吃）					
购物					
天气情况					

第三节　数据分析与处理教学案例

——"Excel 数据运算"专题复习教学设计

一、教学内容分析

本节课是初中 Excel 复习专题之一。Excel 的计算功能是进行数据管理的基础，它包括了公式的编写和函数的使用，如求和、平均数等。

要揭示数据的某种规律，就必须对所采集的数据进行处理。在 Excel 中实现的手段，主要是函数与公式的使用。

二、教学对象分析

初一年级的学生刚学完 Excel 电子表格的内容，在学习的过程中，对于要求较高的公式编写和函数使用等方面的知识遗忘较快。因此，需及时梳理相关知识，使学生建构起系统的知识网络。

三、教学目标

1. 知识与技能
（1）熟练使用公式。
（2）熟练使用函数 SUM、AVERAGE。
（3）有效使用 RANK 函数。

2. 过程与方法
（1）通过知识回顾，唤醒学生的记忆。
（2）通过两轮在线测试，强化学生对 Excel 公式的编写和函数 SUM、AVERAGE、RANK 的应用能力。

3. 情感态度与价值观
通过解决生活中的实际问题，让学生充分体会到因实际需要而学习的乐趣，从而激发学生学习电子表格的兴趣，学会运用信息技术去解决实际问题。

四、教学重点和难点

1. 教学重点

公式的编写。

2. 教学难点

利用 RANK 函数排名次。

五、教学理念与策略

以"翻转的 PBL"为主要的教学模式,通过"两轮递进强化"式的循环复习,形成由浅入深、循序渐进的层次,引导学生逐步建构知识网络;创设学生自主学习和训练的情境,让他们探索发现、思考顿悟,并内化成为能力。

(1)通过对花档销售情况的数据进行收集、分析和处理,激发学生学习的兴趣。

(2)设置任务,层层递进。

(3)组织学生进行两轮在线测试,引导学生总结出解决问题的方法和规律。

(4)利用"Excel 数据编辑"专题复习网站,展开教与学。

六、教学媒体选择

多媒体网络教室、WEB 服务器、Excel 操作技能在线测试系统。

七、教学过程

教学过程见表 5-5。

表5-5 教学过程

教学环节	教师活动	学生活动	设计意图
创设情境导入课题	师叙：八年级(9)班的邝旭铭等18位同学，决定在海珠花市投资一个档位卖精品。他们的经营情况如何？"金牌销售"花又落谁家呢？请同学们帮忙算一算	聆听、思考	通过富有创意的设计，以一种新的问题方式呈现给学生，使学生有新颖感和惊奇感，由此唤起学生的注意，激发学生的学习兴趣
回顾整理构建网络	师叙：为了提高大家的计算效率，我们先进行Excel知识回顾。 引导学生对知识点进行系统梳理： 1. Excel的运用主要包含了格式编辑、数据运算和数据整理等部分；格式编辑主要是让数据表呈现得更美观、清晰；数据整理主要是找出数据特点，揭示数据的规律。但要做到数据整理这一点必须先进行数据运算，实现的方法主要是函数和公式的计算 2. 请学生演示用SUM函数计算总分和用AVERAGE求平均分。引导学生总结出用函数计算的步骤：选定要存放结果的单元格—选择插入菜单—函数—选择相应的函数—检查要处理数据的区域是否正确—回车—拖曳填充 3. 请学生指挥老师用RANK函数按总分排名次。提醒学生注意在number框和ref框分别填什么；绝对引用"$"的使用 4. 以计算总评成绩为例说明使用公式输入的方法：选定要存放结果的单元格—输入等号后输入编写的公式—回车—拖曳填充	观察SUM和AVERAGE函数的格式，从而对这种类型的函数的格式进一步掌握 思考： 1. 使用RANK函数时，为什么要使用"$" 2. 总评成绩用函数计算行吗 3. 编写公式时只输入数字而不引用单元格会出现什么情况	唤醒学生的记忆，为构建良好的认知结构奠定基础

(续表 5-5)

教学环节	教师活动	学生活动	设计意图
合作交流 解决疑难	师叙：请同学们计算出花档生意究竟是赚钱还是赔钱。 引导学生分析第一轮在线测试题目的解题方法； 组织第一轮在线测试； 巡视学生做题情况并进行个别辅导； 对全班共性疑难问题给予点拨和指导： 1. 用公式计算须先输入"=" 2. 复制公式须把指针放在单元格的右下角成黑十字，才能拖曳填充	进行第一轮在线答题； 讨论、交流	本轮练习重在对知识进行查漏补缺，让学生开展小组讨论解决疑难；通过生生互动、师生互动，全面提升学生的知识、能力、情感
即时评价 自我反思 （两轮测试后都有的环节）	根据系统反馈的情况，着重分析失分比较多的知识点，解题关键是什么； 直接讲演易错题	学生完成练习并提交； 反思自己出错的原因和改正的方法； 阅读专题学习网站的"学习帮助"进行错题重做； 得满分的学生进行拓展练习	系统进行评改，反馈成绩单；教师引导学生反思收获或有待解决的问题
分层拓展 强化提高	师叙：究竟谁是"金牌销售"呢？ 引导学生分析第二轮在线测试题目的解题方法和规律； 比较 RANK 函数和排序的异同：利用 RANK 函数进行成绩排名与使用"排序"命令进行成绩排名的不同之处在于，前者不会改变原始数列的排列顺序，排名相同的名次会自动往后移； 组织第二轮在线测试； 巡视学生做题情况，个别辅导； 提醒学生：用 AVERAGE 求平均销售量时，选择的区域不能包含"总销售量"	思考并回答： 1. 求平均销售量是用公式法还是函数法呢？ 2. 盈利怎么求？ 3. 用什么方法排名次符合"不改变数据的位置"的要求呢？ 进行第二轮在线答题； 可以在专题学习网站寻求学习帮助	本轮练习根据重点、难点知识，联系生活实际设计例题或习题，引导学生进行析疑解难和重点强化；在此基础上适度拓展，创设具有综合性、探索性、开放性等有层次的问题情境，让学生综合运用知识解决实际问题，提高综合应用能力

(续表 5-5)

教学环节	教师活动	学生活动	设计意图
小结评价 升华认识	教师结合习题，引导学生明辨相近知识点的异同，归纳本专题知识的基本应用规律。 1. 解题时，首选函数计算（快捷、简便），遇到运用函数不能解决问题时再考虑编写公式。 2. 无论是用公式还是函数计算，都涉及单元格的引用，必须选择正确的数据区域才能计算出正确结果。 3. 只要设置了函数或公式计算，更改相应区域的数据，结果也会自动更新。	学生了解自己对知识点的掌握情况，反思本节课的收获，建构完整的知识网络。	归纳本专题知识的基本应用规律，使学生建构完整的知识网络。

八、教学评价

利用"Excel 操作技能在线测试系统"实施两轮在线测试，及时了解学生对知识点掌握的情况。

附录

"数据图表制作"教学设计

一、教材内容分析

1. 本节的主要内容。

本节的主要内容是利用"图表向导"建立柱形图和饼图，学习用图表来形象直观地反映数据的相对关系和变化趋势。本节是本章学习的重点内容。

2. 教学重点、难点。

重点：（1）利用工作表数据建立图表和编辑图表。

（2）能选择适当的图表类型，反映数据的特征。

难点：根据实际需要，制作图表。

3. 课时安排：1 课时。

二、教学对象分析

初中生偏重感性认识，对实物和直观图形比较感兴趣。学生对本节课程内容的学习积极性较高，掌握数据图表的制作不会太困难。因此，本课程主要引导学生如何根据数据特征选择合适的图表类型，并编辑图表，使之更加清晰明了。

三、教学目标

1. 知识与技能。

（1）学会使用"图表向导"创建图表。

（2）学会对图表进行编辑和修饰的操作。

（3）认识图表的三大类型（柱形图、饼图和折线图）的特点，能根据实际需要恰当选择图表类型，运用图表表达数据。

2. 过程与方法。

通过设疑让学生自主学习，掌握建立和编辑图表的方法。

3. 情感态度价值观。

通过图表的建立、编辑和修饰的学习实践活动，感受图表形象、直观地反映数据特征的作用，挖掘数据内涵。

四、教学理念与策略

以学生为主体，通过自主学习掌握创建、编辑和修饰图表的方法，使学生学会借助各种类型的图表来形象、直观地反映数据处理结果。

五、教学过程

1. 教学内容的组织与呈现方式。

让学生自主学习创建柱形图表；然后对比柱形图、饼图和折线图，组织学生讨论不同类型图表的适用情况；最后提出图表的修饰要求，学生在练习中加深对图表的认识、熟悉对图表的操作。

2. 教学过程。（见表5-6）

表5-6 教学过程

教学环节	教师活动	学生活动	设计意图
课题引入	提问：平板电脑真的改变了我们的生活了吗？分析IDC国际数据公司统计数据，引出Excel统计图表	观看iPad广告，发表对iPad的认识和看法	激发学生学习的兴趣

（续表5-6）

教学环节	教师活动	学生活动	设计意图
认识图表类型	展示由工作表生成的三种统计图（柱形图、饼图、折线图） ● 看着这个图，你想到了什么？ ● 假如你是苹果公司的CEO，你会让iPad如何发展？ ● 饼图里的百分比跟工作表中的百分数一样吗？ ● 制作统计图的关键是什么？ 师生共同分析常见图表类型的适用情况： ● 柱形图能直观地反映数据的大小 ● 饼图能清晰地反映数据在总体中所占的百分比 ● 折线图能清楚地反映数据发生的变化	思考问题，并回答教师的提问； 参考老师提供的"学习帮助"自学并动手制作三种统计图	通过提问和实例操作，掌握创建图表的方法，并引导学生认识图表类型，懂得选择不同的图表类型反映数据的特征
编辑图表	（1）认识图表的组成部分： ● 标题 ● 数值轴 ● 分类轴 ● 图例 ● 数据标志 （2）布置任务：修饰已建好的图表，使其更清晰明了（展示一个已完成的范例） ● 改变数值轴刻度 ● 改变分类轴字体 ● 改变图表颜色 （3）观察学生操作，并适当做出指导 （4）展示与评价。展示学生编辑好的图表，师生共同评价，小结怎样才算好图表： ● 图表类型选择适当 ● 标题明确 ● 图例清晰 ● 数据标志易读 ● 色彩区分清楚	思考问题、做练习和讨论	通过练习，加深学生对图表各组成部分的认识，能根据实际需要编辑和修改图表

(续表 5-6)

教学环节	教师活动	学生活动	设计意图
应用练习	任务：根据近期的数学测验成绩，张老师准备约以下三位同学中的一位谈话，你估计会是谁？为什么？	小组讨论、动手实操；发表自己的意见	创设具有综合性、探索性、开放性的问题情境，使学生在综合运用知识、解决实际问题中提高能力
课堂小结	问：你能谈下这节课的重点是什么？关键在哪？	思考、回答	归纳知识

六、教学反思

根据"翻转课堂"的观点，我们对教学进行了十分有益的尝试，一改以往初中信息教学仅注重操作的现状，强调"学生做知识的主人"，让学生在课堂上畅所欲言，发表自己对图表所揭示问题的想法，使学生在自我参与中感知知识的特点，激发学习的兴趣。该课程的习题设计也具有开放性，体现了知识的活学、活用。

第四节　程序设计教学案例

——"循环结构"教学设计

一、教学内容分析

1. 本节主要内容及在本章中的地位

循环结构是程序设计中最难的内容。

2. 教学重点、难点

重点：(1) For-Next 循环语句的格式。
　　　(2) 了解通过改变循环变量的值来控制循环次数。
难点：利用 For-Next 循环语句解决实际问题。

3. 课时安排

1 课时。

二、教学对象分析

八年级的学生已经具备一定的数学基础和分析问题、解决问题的能力，他们有很强的求知欲和求得赞许的需求。但是，他们的逻辑思维能力和数学解题能力还不是很强，学习程序设计有难度。

三、教学目标

（一）基本目标

1．知识与技能

（1）掌握 For-Next 循环语句格式。

（2）了解改变循环变量的值控制循环次数的意义。

2．过程与方法

（1）通过思考、讨论、实操等形式，了解循环结构程序设计在解决问题过程中的作用。

（2）初步学会从简单问题出发，运用 For-Next 循环语句解决数学问题，体验循环结构程序设计的基本思想。

3．情感态度与价值观

（1）体会 For-Next 循环语句在解决数学问题上的作用，激发学生学习程序设计的兴趣。

（2）培养学生团队合作精神。

（二）发展目标

培养学生善于把日常生活中的实际问题转化为数学问题，并利用信息技术解决问题的思维方式。

四、教学理念与策略

采用基于微课的翻转课堂，强调"学生做知识的主人"，让学生在课堂上畅所欲言地发表自己的想法，使学生在自我参与中感知知识的特点，激发学习的兴趣。通过编程序、计算数学题为例子，加强信息技术学科与数学学科的整合意识，使学生置身于发现问题、分析问题、解决问题的动态过程中进行探索和协作学习。

五、教学过程

1．教学内容的组织与呈现方式

（1）通过观微课、游戏、模仿、理解、总结、提高六个阶段进行教学。

（2）课前让学生观看微课视频和学习帮助，循环语句的格式和执行过程。

（3）以趣味故事的形式引入课题，让枯燥的程序设计变得生动有趣。

（4）设计出一系列问题，让学生们在实践和解决问题的过程中体验程序设计的思想。

（5）学生以小组为单位协作学习、互相帮助、共同进步，分别给个人和小组加分作为平时成绩。

2. 教学过程

教学过程见表5-7。

表5-7 教学过程

教学环节	教师活动	学生活动	设计意图
课题引入	介绍分小组序数游戏的玩法和规则； 讲"国王与国际象棋发明者"的故事； 提示：$s = 2^0 + 2^1 + 2^2 + 2^3 + \cdots\cdots + 2^{63}$； $s \div 10^6 \approx 1.8 \times 10^{13}$ 吨（18万亿吨）	玩游戏； 聆听、思考	引入循环结构程序设计的思想； 激发学生学习的兴趣
新课学习	For I = 0 To 63 X = X + 2 ^ I Next I 任务1：阅读这个循环结构，提问： ● 哪个是循环变量？初值是_____？终值是_____？步长值是_____？为什么缺了步长值？取值是_____？循环次数是_____？ ● 循环体是_____？在这个程序中，循环体会被执行多少次？ ● 循环变量的作用是什么？	思考问题，并回答教师的提问	通过提问和实例操作，掌握For-Next循环语句的格式
加深理解	Private Sub Form_Click（） For i = 100 To 2000 Step 100 r = i Circle（2500，2500），r Next i End Sub	参考老师提供的"学习帮助"自学并修改程序	知识渗透

(续表 5-7)

教学环节	教师活动	学生活动	设计意图
加深理解	任务2：给出画同心圆程序，让学生运行程序并提问： ● 试运行同心圆程序，得出结果 ● 修改程序得出画4个同心圆的程序 ● 当循环变量超出取值范围时会怎样 ● 如果步长值是0，结果会怎样 ● 步长能不能是负数 ● 试改写程序，在运行结果不变的情况下，要求步长变为负数（选做）		
讨论	● 电脑死机是不是死循环 ● 防止程序进入死循环有什么办法 ● 控制步长值，不能是0 ● 控制循环变量的取值范围，超出取值范围时就结束循环，并且跳出循环结构继续往下执行	思考并回答	—

巩固练习	任务3：
	x = 8
	For i = 3 To 5
	  Print x
	Next i
	循环变量i的初值是_____，终值是_____；步长是_____，取值有_____，循环次数是_____次，循环体是_____。
	运行结果是_____
	
	s = 1
	For i = 10 To 4 Step -3
	  s = s * i
	  Print i, s
	Next i
		思考、小组讨论、回答问题	通过练习，加深学生对循环结构执行过程的理解

(续表 5-7)

教学环节	教师活动	学生活动	设计意图
巩固练习	循环变量 i 的初值是 _____，终值是 _____；步长是 _____，取值有 _____，循环次数是 _____ 次，循环体是 _____。运行结果是 _____		
学习提高	任务4： 改写程序，计算 1~10 偶数的积； 修改程序，计算 1×2×……×100 的值（选做）	小组讨论、动手实操； 发表自己的意见	能根据实际需要，改写程序，解决实际问题，从而提高能力
课堂小结	提问：你能谈下这节课的重点是什么？关键在哪？ 教师引导：指出我们要养成善于把生活中的实际问题转化为数学问题并利用信息技术解决问题的思维习惯	思考、回答	归纳知识
课后思考	小明在超市挑了一大堆零食，然后到收银处结账，售货员把所有货物的条形码扫描进电脑后，电脑马上显示出应付总额。 你觉得用 For-Next 循环语句解决方便吗？怎么办？ 提示：无法预先确定重复的次数可用 DO 循环语句	思考	为下一节 DO 循环语句的教学做铺垫

3. 教学评价

利用平时成绩刻度表（包括个人回答问题、上机实践和小组合作完成任务情况），以加分的形式记录学生在课堂上的表现。

第六章

基于翻转的生物学科项目式学习

第一节　生物学概念教学中的项目式学习案例

中学课堂一般为 40~45 分钟，如果在课堂有限的时间内开展完整的项目式学习，可行性不高。基于这样的现实，项目式学习需要"分割"处理，使其适合于课堂，或称为"微型"项目式学习。

一、"微项目"学习

"微项目"学习，就是根据项目式学习的设计理念，将项目或主题细化，如将大概念分解为若干"小"概念，应用于课堂教学中，通过简化项目式学习流程，使学生能够在小组合作中共同学习，实现知识建构。那么，如何将教学内容"细化"为项目式学习的主题呢？

1. 以课程标准为依据

学科教学中无论教与学的目标，都需要以课程标准为依据来确定。项目式学习也不例外，项目或主题的选定，必须遵循课程标准的要求。初中生物学课程中，第一个实验——探究影响鼠妇分布的环境因素，就是让学生体验科学探究的一般过程，这个实验也可以设计为一个项目式学习主题。教材中有明显的问题指向，即光照条件。如果不限定于这个条件，那么，学生还会对哪些环境因素感兴趣呢？可能是湿度、噪音或温度等等。在这些问题的驱动下，能够增加学生的好奇心和求知欲。因此，问题的设置，既要结合课程标准，又要从学生自身的生活体验出发，通过问题引出项目主题。

2. 突出学生学习活动

学生是学习的主体，也是课堂的"主人"。课堂的项目式学习可通过小组合作的方式，以任务分配来调动学生的主动参与，学生组成学习小组。在 PBL 教学模式中，学生以小组为单位展开学习。根据学生的实际，一般在进行小组分组时需遵循组间同质、组内异质的原则，使各个小组之间的学习能力等不存在质的差异，也能体现最后作品评价中的公平性，培养学生团结协作的精神。

学生也是课堂学习评价的主体。传统的课堂评价主要是指教师对学生的评价，评价的主体是教师，学生是评价对象。在 PBL 教学模式中，评价主体除了教师还有学生，学生进行自评和小组互评，正是这样的评价方式才更体现了学生在 PBL 教学模式中的主体地位。

3. 结果交流

项目式学习的研究成果，通常是以作品的形式呈现出来的。课堂上学习的作品，多以简单的报告形式，如果是课外的项目，则可以有模型制作、调查报告等。作品是研究成果的呈现形式，但不是学习的最终目的，更重要的是通过作品的交流和评价，促进学生的学习反思，增强学生的学习动机。

二、"微项目"学习的设计

既然是"微"，就需要削枝强干，把项目式学习的一些环节省略或弱化。多数课堂情境下可以得以简化，如实践中强化"头脑风暴"——学生的讨论，而删去较花时间的制作流程，这也符合课程标准所提倡的探究式学习。

1. 情境设计

"情境"是"问题"的催化剂，贴近生活的情境更容易激发学生的问题意识。PBL 教学模式的情境，需要教师根据课程的概念或主题，创设一定的"矛盾"情境。情境在进行创设时要注意真实性，和学生生活的相关性，为后面问题的出现做铺垫，为后面问题的解决提供动力。"情境"设计得好，可以形成一个类似链式反应的效果，提高学生的学习积极性。初中生物学"激素调节"的课程内容，对于"激素"一词，学生既熟悉又陌生，生活中常常听说或略知一二，但并没有真正理解"激素"这个概念。情境设计：进入初中，有的同学脸上出现了青春痘，在小学时虽极少见，但有的同学也有。那么，"痘"从何来？是什么原因引起的？爱美之心人皆有之，很快会激起学生一探究竟的热情。

2. 内容选择

内容指学科的核心知识和基本原理，这些知识必须根据课程标准来确定。初中生物学共有 50 个重要概念，这些概念就是内容的选择范围，选定之后再设计教与学的目标，围绕重要概念来确定具体目标，可以有效地实现对学科核心知识的理解和掌握。例如，初中生物学中的"光合作用"，这是生物学中非常重要的一个核心概念，初中生物学课程中有"阐明绿色植物的光合作用"和"举例说明绿色植物光合作用原理在生产上的应用"两部分内容。选择什么内容进行项目式学习呢？以光合作用原理为内容设置探究实验，这可以当成一次完整的项目式学习。以内容确定知识目标：描述光合作用的定义，知道光合作用所需要的原料、条件和产物。能力目标则很清楚，体验一次探究活动。而光合作用原理在生产上的应用，不同学生有不同的生活经验,这便可设计成"微项目"学习的内容。

3. 实践活动

在项目式学习中,学生讨论并设计活动方案,然后付诸实践。而在课堂的"微项目"学习中,这几个过程可以合并,通过小组合作的形式展开,有条件的话可以借助一定的工具和利用资源,如结合信息技术和网络资源。课堂时间有限,最合适的策略就是小组讨论,然后制作简要的思维图。如光合作用原理在生产上的应用,除了教材中提供的合理密植外,从光合作用条件来看,光照强度、时长、温度等条件也影响光合作用,学生则根据其生活经验提出相应的建议,还可以扩展到光合作用原料的调控、合理施肥等。

4. 作品交流

小组讨论形成的思维图就是小组合作学习的项目作品,这是即时成果。除此以外,学生在学习过程中所习得的知识、技能,开展的交往等,都是重要的成果。学生在讨论或交流时,会受到启发而反思,促进其高级认知技能和问题解决策略的形成,从中学会学习。教师则在学生交流活动中,对学生的表现进行记录和点评。

学生根据项目学习的活动内容,可以形成不同形式的作品,常见的形式是思维图或报告。某些内容也可以是歌舞、小品、绘画等,如人体免疫、消化等,可通过角色扮演的形式,演绎相应器官的功能或生理活动的动态过程。作品的表现形式多样化,更能吸引学生的兴趣和激发学生的思维,有的课堂以戏剧表演的形式,不同小组演绎的方法也不尽相同。学生根据不同的思考角度,会有不同的表现,可以深化学生的学习认知。

三、生物学概念教学的项目式学习

义务教育阶段生物学课程标准(2011年版)中,将初中生物学概念划分为50个重要概念。这50个重要概念是对一般概念及事实性生物知识的高度概括,所以,生物学重要概念的达成需要在其下位的一般概念和事实性知识达成的前提下才能完成。普通高中生物学课程标准(2017年版)则提出大概念教学的建议。因此,概念是中学生物学教学的核心之一。

1. 概念教学

概念是思维的基本形式之一,它反映客观事物的一般的、本质的特征。"概念教学"属于教育心理学的专业研究领域,可简单理解为:教师通过课堂教学,帮助学生知道某种东西所属类别及其相应属性的过程。生物学概念是关于生命现象和生命活动本质的抽象概括,而生物的多样性决定了生物学概念的复杂性。初中生的抽象思维尚未成熟，教学中如果突出概念的抽象性，则不利于学生的理解。因此，概念教学可应用 PBL 模式，让学生在实践中自我构建概念。

吴成军认为，从生物学概念教学的角度来看，帮助学生学习和形成概念一般有两种方法：例证法和建构法。他提出，教科书中大量的一般概念都是由例证法进行例证的。对于一些比较复杂的、重要的概念，教科书和教师教学时通常采用的是建构法，即先通过事例建立下位概念，然后再归纳、综合形成上位概念。① 在生物学课程中，重要概念既是教学重点也是教学难点，根据吴成军的分析，实际上建构法也是以例证法为基础，通过正例、反例和特例来完善概念的内涵与外延，其中，建立下位概念及归纳、综合的过程，适合使用 PBL 教学模式。

2. 概念教学与微项目式学习

如何使重要概念化难为易，使其更符合学生的认知水平，这是教师教学设计的重点。虽然 PBL 模式适用于概念教学（如图 6-1 所示），但并非所有的生物学知识都能照搬模式。因此，选择适合培养学生开展项目式学习的教学内容是教学设计的首要工作。选择教学内容时，首先要分析内容是否能利用项目式学习来提高学生对生物学概念的理解；其次要分析教学内容相关概念的结构，确保符合学生现有的认知水平。教师在选择教学内容时，不仅要参考生物学课程标准和教材，还应考虑学生的生活经验和技能。现以 2011 年课程标准的人教版七年级《生物学（上册）》"绿色植物的呼吸作用"一课为例，分析生物学概念教学如何应用 PBL 模式。

图 6-1 基于 PBL 的概念教学流程

第一，教学内容分析。

前面提到，并非所有教学内容都适合采用项目式学习，因此，在开展项目学习模式之前，必须进行内容分析，并同时分析这些内容与学生认知实际的匹配情况。内容分析的重点是课程标准的要求和教材的编写内容。

"绿色植物的呼吸作用"一课的教学内容分析见表 6-1。

---

① 吴成军：《"建构生物学概念"的重要内涵》，载《中学生物教学》2015 年第 3 期，第 4-7 页。

表6-1　教学内容分析

重要概念	在生物体内，细胞能通过分解糖类等获得能量，同时生成二氧化碳和水（课标）	
上位概念	绿色植物吸收氧气，将有机物分解为水和二氧化碳，并为各种生命活动释放能量	
次要概念	A. 绿色植物都能进行呼吸作用	B. 呼吸作用释放能量，为生命活动提供动力
事实性知识	A1. 植物体进行呼吸作用时，分解有机物释放能量 A2. 萌发种子的呼吸作用旺盛，可做观察呼吸现象的材料 A3. 呼吸作用的过程需要氧气的参加，并产生二氧化碳和水 A4. 呼吸作用的主要场所是线粒体	B1. 植物体通过呼吸作用会有大量的能量被释放，其中一部分会转化成热量散失，另一部分会用于各种生命活动 B2-B3. 演示实验：种子萌发产生热量，消耗氧，产生二氧化碳

第二，教学流程设计。

课堂上的项目式学习要突出"微"，流程就要进行优化重组。把概念学习当成"微项目"，流程上可分为四个部分：情境引入、形成问题、讨论探究和交流强化。

情境创设源于生活，具有真实性，同时还能"制造"学生的认知冲突，激发学生的原有认知来引出概念，这个过程主要由教师引导。学生的认知冲突形成后，便能很快地发现矛盾并提出质疑，因此，这个环节可由学生自主完成。但是，发现矛盾并不等于能提出问题。课堂上，有的学生提出的问题五花八门，这与学生的发散思维有关。并不是说学生提出的问题越多越好，因为学生所提的问题有可能与相关概念相去甚远，故教师的引导和启发必不可少。例如，教师提出问题，启发学生模仿提出类似问题，在小组讨论分析问题中逐步构建概念。学生构建概念后，是否内化为认知，还需进行评价。课堂评价的常用方法是应用，即学生利用所理解的概念解决现实中的问题。

(1) 情境设计。

讲解概念之前，以生活中的一个真实情境导入：有人认为，植物有净化空气的作用，因此，在室内养一些绿色植物有利于人体健康，你认为这个观念是科学的吗？学生学习植物的光合作用后，理解绿色植物在进行光合作用时吸收二氧化碳释放氧气，那么在室内种植绿色植物，就能净化空气吗？显然，晚上关灯后，室内没有光线，植物不可能再进行光合作用，这容易引起学生认知冲突——种植在室内的植物不能全天候净化空气。在没有光照的情况下，绿色植物对室内空气有没有影响呢？由此可引出呼吸作用的概念，但此时学生对此概念的认识是模糊的，学生联系小学科学的知识，知道植物也有呼吸作用。

（2）问题设计。

如果植物也会进行呼吸作用，是不是白天进行光合作用，晚上进行呼吸作用呢？这个问题既引起另一层次的认知冲突，也为学生提供一个问题范例。学生结合前一节所学的光合作用知识，提出相应的问题：绿色植物呼吸作用的原料、产物和条件各是什么？如何来证明？对此，可通过小组讨论设计研究方案。实际上，教材也设计提供三个相应的演示实验：植物呼吸作用产生热量、生成二氧化碳、消耗氧，教学上可根据本校实际条件，将这部分演示实验改为学生分组实验。演示实验的目的是让学生透过现象思考本质，如何思考就需要有相应的问题引导。如表6-2所示，比较演示实验一中甲、乙两个装置的差异，这样设置的目的是什么？从实验结果可以得到什么结论？实验探究既能培养学生的科学思维，也可以促进学生理解概念的相关内涵：植物细胞呼吸作用消耗了氧气，同时产生了二氧化碳，生成和消耗的物质跟光合作用刚好相反。

（3）活动设计。

不管是否将演示实验改为分组实验，实验分析是学生构建概念的重要环节。结合前面所提到的问题和实验现象，分组讨论呼吸作用概念的含义，尝试用简式表达呼吸作用的过程。

表6-2 演示实验

演示实验	演示实验一	演示实验二	演示实验三
实验装置	甲 乙	澄清的石灰水	甲 乙
讨论	种子在萌发过程中发生了能量变化吗	种子在萌发过程中放出了什么气体	为什么点燃的蜡烛在甲、乙两瓶中的燃烧情况不一样

表6-2中的三个实验仅仅是探究细胞呼吸作用的部分过程，学生依此未必能完整地写出呼吸作用的整个过程，如反应物包括有机物，产物中包括

水以及呼吸作用的条件、场所等，但他们可通过阅读教材来获得这些信息。

（4）交流评价。

学生在教师的引导下，逐步获得绿色植物呼吸作用的概念并能写出完整的反应简式，但是并不表示学生就已经掌握了这个概念，还需要继续强化概念的应用和拓展。回到一开始的情境，既然得到的结论是植物在晚上进行呼吸作用，会消耗室内氧气和增加二氧化碳，那么，植物的呼吸作用只发生在晚上吗？人和动物的细胞也有呼吸作用吗？如果有，跟植物细胞相比，是否一样？如果在没有氧的条件下，细胞还有呼吸作用吗？细胞呼吸作用的实质是什么？当学生解决了这些问题之后，呼吸作用的概念就越来越清晰，就能进一步把握概念的内涵和外延，即呼吸作用的实质就是"分解有机物，释放能量"，外延扩展到不论哪种生物细胞，不管是否需要氧气，其最终目的是为细胞生命活动提供能量。宏观上，可再把呼吸作用的意义略为拓展：试比较绿色植物的光合作用和呼吸作用。同一棵植物的所有细胞，其呼吸作用的强度是否一致？绿色植物既有光合作用也有呼吸作用，在自然界的碳—氧平衡中起什么作用？

胡佳怡认为，项目式学习与传统的教学方式相对比，最突出的本质性区别就是思维方式上的两种转变：一种是从传统教学中的碎片思维到项目式学习中的整体思维，另外一种是从传统教学中的演绎思维向项目式学习中归纳思维的转变。[①] "呼吸作用"概念的学习，充分利用了归纳的学习思维，从多个演示实验结果来归纳呼吸作用的相关内涵，逐渐形成一个整体的概念。

第二节　基于项目式学习的生物学实验教学案例

生物学是一门以实验为基础的学科，课程教学离不开实验，而实验本身就是一项很好的项目式学习内容。中学生物学实验的目的，是为了探究生命现象的本质和规律，生物的多样性则使实验具有"不确定性"的特点，符合学生开展项目式学习的需要，解决一个现实的问题。教学实践中，实验项目可以由教师提出，如生活中的问题或情境，并提供相应的学习资源，学生则通过小组合作的方式，在完成项目的过程中学习。

---

① 胡佳怡：《项目式学习中"教"与"学"的本质》，载《基础教育研究》2019 年第 2 期，第 9 页。

一、学习资源

从知识的角度,生物学实验是模式化的结果,学生并不一定在生活中能体验到。比如人体的呼吸运动,虽然是再平常不过的事情,学生的生活经验就是"吸入氧气,呼出二氧化碳",但是在教学中利用实验——往澄清的石灰水中吹气来检验二氧化碳的存在,既增添了课堂的趣味,又激发了学生的求知欲。初中学生的实验技能还比较有限,因此,教材会提供较详尽的实验方案和操作步骤。在教学实践中,有的教师甚至"手把手"指导学生操作,使本来具有探究意义的实验变成一种机械式操作,削弱了实验的教学价值。

如何使实验更具探究意义?虽然学生知道"实验"这一词,但进行较为系统的实验对他们来说还是有一定难度的,特别是一些仪器的规范使用,实验设计与分析所需的相关的科学思维。从实验操作的角度,学生容易自学模仿,利用自身的知识建构进程和完成知识同化,例如,一些实验仪器的使用,教师提供示范视频、图例或现场演示等,成为学生"先学"的资源。教师提供的教学资源库,是为学生解决问题而设计的,即所有的资源服务于问题解决的过程。翻转的 PBL 课堂(如图 6-2 所示),所提供的教学资源应该与学习目标相匹配。学生通过课前自主学习,尝试完成相应的学习目标。例如,探究绿色植物的光合作用,实验示范视频、光合作用相关物质的检测方法等,都是必要的学习资源。教师主要通过提出相应的学习任务,了解任务完成情况和学生解决问题的过程,来检测学生自学效果。

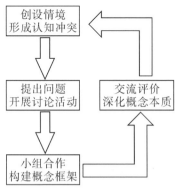

图 6-2 翻转的项目学习

二、问题情境

PBL 理念下的生物学教学,通过问题来实现"翻转",一个中心问题往往由若干个小问题组成。PBL教学模式中，问题导向的意义非常突出，中学生受限于个人认知水平和能力，难以独立完成解决问题的任务，教学中则以小组合作的方式来进行，这也是生物学分组实验的基础。初中生物学课程中，有一个探究实验——"探究馒头在口腔中的变化"，这是一个学生再熟悉不过的生活情境。这时问题就来了，没有加糖的馒头在口腔中咀嚼后会有甜味，这个过程中既有牙齿对馒头的切碎研磨，也有舌头的搅拌，还有唾液的参与，究竟是什么因素在起作用？当然，学生在小学的科学课上也了解到，唾液中含有淀粉酶，可以把淀粉分解成麦芽糖，那么，如何去证明这个过程呢？

在解决问题的过程中，学生可以通过各种途径，如教材、图书馆、互联网等，收集解决问题的资料。收集的资料是否有用，需要小组进行交流讨论，以保证所汇总的信息对解决问题有效。以上述实验为例，教材也提供了参考的方案，例如，设置对照实验：切碎的馒头加入清水、切碎的馒头加入唾液、整块的馒头加入唾液。实际上，这个实验"暗藏"不少复杂的问题，就是无关变量的控制问题，如温度控制、馒头的新鲜度及用量、液体的用量、反应的时间等，学生在分析问题时，就要详细分析各种可能的影响因素。有效的问题情境，可以激发学生的思维，使学生的分析、比较、综合、概括和逻辑推理能力得到提高，而设计实验方案则能培养学生的批判性思维和创造性思维。

三、问题解决

实验是微型的"项目"，因此，教学实践可以"跳"过一些不必要的环节。例如，提出问题后，学生可直接设计方案并实施。因为课堂时间有限，教材也提供了相应的"先行组织者"，从而降低了项目的难度。学生解决问题的过程简化了，主要是讨论、设计出可行的方案，并付诸实施；在实施过程中不断修正方案，最后利用项目的结果来检验问题解决的情况。教师的角色，既要充当"挑刺"的角色，发现学生设计方案中的问题并提出质疑，同时也是积极的引导者，给学生提供合适的改正思路。

在课堂时间允许的情况下，小组展示和交流是非常有必要的，一是可进行多元化的组间评价，二是促进学生学习的"自组织"，通过学习其他小组的设计思路，优化本组的设计方案。

附 录

"发酵现象"演示实验的改进

人教版的初中生物新教材加入了"发酵现象"的演示实验,介绍了一种易操作、可控制、现象明显的实验方法,详细介绍了操作步骤、实验药品用量、注意事项等各个环节。笔者经过多次尝试,找到了一种简捷而适用面广的操作方法。希望通过本实验的研究,给生物教师在课堂演示教学中提供借鉴。

人教版八年级上册的"发酵现象"实验,是一个很重要的演示实验。初中生对微生物有浓厚的兴趣,而且发酵技术是一项重要的现代生物技术,涉及食品、调味品、药品、酿酒制作等众多领域。因此,很有必要做好这次演示实验,使学生从感性上有初步的认识。

新教材只是粗略介绍了一下发酵原理及发酵的最终现象,对实验药品及用量、实验操作步骤、注意事项都没有详细的介绍,学生所获得的信息主要通过教师的介绍。其实这个演示实验也可以设计成简单的课堂小实验,实验现象明显,教学效果好。具体实验操作如下所示。

一、实验目的

1. 了解发酵的基本原理及微生物所起的作用。
2. 观察发酵现象及理解发酵产物。

二、实验材料及用品

高活性酵母(规格:20 g/包)、100 mL 锥形瓶(2个)、药匙(2个)、200 mL 烧杯(3个)、500 mL 烧杯(2个)、葡萄糖(CP级)、蔗糖(CP级)、气球(2个)、温度计(1个)。

三、实验方法

1. 用药匙分别取葡萄糖、蔗糖3匙(约10 g),再分别加入酵母粉1.5匙(约3 g),糖和酵母粉比例为2:1较好,分别量于200 mL 烧杯中,加温水(温度30~40℃,以水温不烫手为宜),振荡溶解,摇匀后迅速倒入锥形瓶中。
2. 迅速往锥形瓶上套上气球,确保气球不漏气。
3. 将两个锥形瓶分别标上标签,置于(60~70℃)温水的烧杯中保温发酵。
4. 每隔5 min 振荡一下锥形瓶,观察现象。(如图6-3所示)

四、实验结果（见表6-3）

1. 两个锥形瓶内都有大量气泡产生，并伴随泡沫。
2. 两个气球都缓慢涨大，葡萄糖发酵比较快，气球膨胀所需时间少。
3. 两个瓶内溶液变浑浊，呈浅黄色。

图6-3 发酵实验所需用品及发酵现象

表6-3 葡萄糖、蔗糖发酵实验数据

类型	葡萄糖		蔗糖	
溶解水温度	常温水26℃	温水30～40℃	常温水26℃	温水30～40℃
气球变化	空气胀大	空气胀大	空气胀大	空气胀大
气球膨胀所需的最少发酵时间	1 h	8 min	1 h 20 min	10 min
发酵所需的水浴温度	60℃～70℃			

五、讨论

为了保证课堂上45分钟之内能观察到气球膨胀现象：经实验选取蔗糖/葡萄糖，溶解水温度为30～40℃，提供外界温度60～70℃，两种实验用品以葡萄糖实验效果更好，发酵时间比较短。

注意事项：

①酵母粉开包以后要密封保存，避免酵母菌失活。

②气温低时，每隔5 min换一次烧杯中的水，确保酵母菌发酵处于合适的温度（60～70℃）。

③发酵过程中应每隔一个时间段（5～10 min）振荡锥形瓶。

（作者：谭靖航　辅导老师：姚碧林）

点评：本案例以教材中的实验为基础，进行相应改进设计，定量取样、设计对照等操作，实验难度并没有增加，有数据有现象，将原先只是定性的探究，设计成定量的研究，更利于学生进行对比分析，探究程度更高，也能更好地启发学生思维。

第三节　基于项目式学习的生物学科技活动

中学课堂的时间多数是 40~45 分钟，在有限的时间内让学生充分交流讨论并不现实，前面讨论基于课堂的"微项目"学习，就是因时间而改进的教学策略。如果开展以生物学大概念为核心的"大"项目式学习，需要的时间较长，可通过课外科技活动项目来展开。

一、中学生物学科技活动

在我国，中学生物学科技活动由来已久，早期被称为"第二课堂"，后来被称为"生物百项"活动。随着课程改革的推进，有的被列入综合实践活动课程范畴，有的则以创客空间、STEAM 课程等形式开展，活动的目的在于培养学生的科学思维和创新能力。中学生物学科技活动，不但对学生学习和应用生物学知识起积极作用，也能很好地提高学生跨学科学习的综合能力。

1. 优化学生的生物学知识结构

生物学所涉及的范围广泛，中学生物课程展示的是生物学的基本内容，学生在获得基础的生物学知识的同时，还能领悟到生物学家在研究过程中所持有的观点以及解决问题的思路和方法。中学生物科技活动突出了生物学的应用部分，学生可以进行大量观察和实验操作，弥补生物课堂的不足。可见，适合本地的生物学科技活动，有利于完善和优化学生的生物学知识结构。

2. 培养学生科学探究能力

生物学课程要求学生主动参与学习，在亲历提出问题、获取信息、寻找证据、检验创设、发现规律等过程中获得生物学知识，养成科学思维的习惯，形成积极的科学态度，发展终身学习及创新实践能力。[1] 中学生物科技活动，其项目来源广泛，既可以进行野外实践，也可以在室内研究，需要反复进行观察、操作和分析，生物的多样性则使科技活动更具挑战性。例如，同种生物在不同环境中会有不同的适应环境的方式，需要学生具有敏锐的观

---

[1] 中华人民共和国教育部：《普通高中生物学课程标准》，人民教育出版社 2017 年版，第 1-2 页。

察能力和敏捷的思维能力，这些能力正是课程标准所要求的学科核心素养。

3. 有效利用教材活化课程标准

中学生物学教材的编写，为培养学生思维能力提供很多素材，既有利于解答生物学大概念，也为学生的拓展学习提供相应的链接。例如，高中生物学教材中关于 DNA 结构的内容，便有"DNA 指纹技术"的情境，学生在学习"基因表达和性状的关系"内容时，教材有"思考讨论"的栏目——柳穿鱼花的形态结构与小鼠毛色的遗传，可作为情境导入。教材中的大多数 STS［科学（science）、技术（technology）、社会（society）］内容都可以作为项目式学习教学模式的问题情境的资料来源，教师应该充分利用教材中的 STS 素材。

二、生物学科技活动的项目学习

课程改革倡导跨学科的综合性学习，这也是中学生物科技活动的特点之一，这与 PBL 的特点相吻合，因此，中学生物科技活动还具有以下特点。

1. 紧密联系生产生活实际

PBL 的显著特点是，教学活动的开展伴随着生活中真实"问题"的解决。因此，在教学内容的选择上，需要与 PBL 这个特点相一致，即选择贴近学生日常生活以及当前社会热点、生产技术的相关内容，能尽可能地反映学生生活中经常遇到的生物现象、生物问题，唤醒学生的生活经历。生物学是一个庞大的学科体系，与农业、林业、渔业、畜牧业、医学、副业等生产领域以及人类的衣、食、住、行等生活领域有着非常密切的联系。生物学的众多分科以及各分科与生产生活的广泛联系，为中学生物科技活动的开展密切联系生产和生活实际，提供了广阔范围和大量选题。例如，阳台养花在城镇家庭是常见的场景，种植蔬菜则是乡村的本色，而今阳台种菜（无土栽培）并不少见，那么，如何合理设计阳台空间来种植，便成了一个全新的研究项目。

2. 有生命的特殊性

自然界有生命的物体称为生物。生物学课程中的生命观念，是学科核心素养的基础，体现在结构与功能观、物质与能量观、稳态与平衡观、进化与适应观等层面。前三者与其他自然科学学科的特点相似，"进化与适应观"则为生物学所特有，表现了生命的特殊性，即生物群体经历着进化和系统发生。生命活动的规律及其多样性表现，直接影响中学生物科技活动的内容与方法。科技活动的项目选定，必须按照研究对象所需要的环境条件、生长发育过程、繁殖方式、遗传变异特性以及系统发生特点，设计研究方案，这样才具有可行性。例如，看似简单的野外观察，必须按照野生动植物的生活环境和生长发育时期进行。生活中有着很多鲜活的研究实例。例如，食物放置时间长了会腐败，但不同食物出现腐败的时间长短不一，新鲜肉类很快会变质，而有的蔬菜水果可以存放较长时间，这不仅与微生物的生长繁殖有关，也与食材本身的细胞生命活动有关。

3. 活动周期长

生物具有一定的生命周期，多数生物存在节律行动，要更全面研究生命活动，需要一定的时间保障，有的生物学家一辈子就研究某一种生物。中学生物学科技活动，也有不少是耗时的项目，如组织培养、微生物培养课题需要几个月的时间；无土栽培、植物嫁接、植被调查等项目，一般需要一年的时间；植物的有性繁殖，则可能要两三年。当然，也有不需要很长时间的，如一些生理实验。因此，项目选定需要考虑时间周期的问题，尽量选择适合在较短时间内可以完成的。活动时间长的特点，要求教师必须在活动开始以前，从活动小组人选、时间安排、物质条件等方面妥善安排，不可有始无终、半途而废。

三、中学生物科技活动应用项目式学习的设计

根据活动内容和活动场所的不同，中学生物科技活动大致可有以下类型。

1. 野外考察项目

野外考察项目是指从形态学、分类学和生态学的角度，对野生动植物个体或群体进行考察的科技活动，其内容可以有野生动植物的习性调查、生态考察和资源调查等项目。野外考察项目具有典型的地方特色，因为对中学生来说，活动范围多局限于学习生活的区域。野外考察的项目较容易开展，一般不需要精密仪器，以肉眼观察和少量简易用具就能完成任务。学生通过本类型科技活动，不仅可以掌握野生动植物考察的基本方法，还能培养自身的野外工作能力和观察能力。

2. 实验研究项目

实验研究项目多指借助一定实验仪器来完成的实验，可利用学校实验室，也可利用家庭的一些条件来开展。实验项目一年四季均可进行，季节性不强；活动开展时需要较多的仪器设备、玻璃器皿和化学试剂。通过本类型科技活动，可以使学生掌握各类生物的培养技术，能够反复练习各种仪器用

品的使用方法,以及化学试剂的使用、配制方法,形成准确、熟练的操作技能。

3. 栽培饲养项目

栽培饲养项目是指在一定场室内开展有关植物栽培、动物饲养的研究项目活动。这类项目要求不算太高,更适合初中学生来完成,通过尝试栽培植物或饲养动物,从而了解生物的相关形态结构和生活习性,还可进行一些植物杂交、果蔬嫁接等项目。这些项目的季节性比较明显,所需时间较长,需要一定的设备和用品。通过本类型科技活动,可以使学生掌握农作物的栽培和家养小动物的饲养研究方法。

4. 环境保护项目

环境保护是一个持续的热点问题。环保科技活动能培养学生的科学研究能力,更能培养学生的环保意识和环保行动。这些活动多在城市进行,需要利用一定的仪器设备,对环境污染问题进行持续地观测和研究,并提出相应的解决方案。

四、开展中学生物科技活动的一般方法

1. 组织项目小组

小组是中学生物科技活动的基本组织形式。开展一个项目活动时,应成立一个学生人员相对固定的活动小组。活动小组的组员应对生物学习有浓厚兴趣,有合作意识,同时还要具有较好的观察能力和操作能力。

2. 选择合适的 PBL 项目

PBL 的题目源于课程,贴近生活,可根据学生基础、学校设备条件和教师辅导能力三方面因素进行选择。为了不影响学生正常的学习生活,项目可结合课程和教材的内容来确定,比如设计一个阳台种植蔬菜的方案,设计一个适合 3 岁儿童的玩具等。

3. 制定项目活动方案

活动方案是整个项目活动的依据,其内容应包括活动目的、活动设计、活动用具用品、活动步骤及注意事项等。方案应由活动小组全体成员讨论和制定。这个过程需要教师提供必要的指导,特别是初中学生思维具有开放性,容易出现眼高手低的现象,导致最后无法完成项目。

4. 做好活动开展的准备工作

(1)准备各项用具用品。中学生物科技项目,除参观访问外,其他项目均需使用各种用具或仪器设备,因此必须事先做好准备。对学校没有或购买

不到的用具，可发动小组学生自己动手制作。

（2）提前调查。除了需要实验仪器的项目，多数项目的活动场所不限定在校内，这就需要事先进行预查，对活动场所的各种相关情况了解清楚。预查的内容主要有地理位置、地形、动植物状况、交通食宿条件和安全问题。其中，以动植物状况最为重要，因为它们是课题的研究对象，必须将它们的数量、分布、生长发育状态、物候期等内容调查清楚，以使活动能顺利进行。

（3）提供参考书目。应根据活动题目的需要，提出一份适合学生阅读的中级或普及性读物的参考书目，供活动小组成员查阅，以补充和提高学生的生物学知识。

五、科技活动项目总结

以生物学科技活动为基础的 PBL 项目，历时较长，学生学习热情的保持需要有相应的刺激，比如举行定期的汇报交流活动等。当学生完成相应的项目后，应组织总结，而不是用一个简单的分数来代替。例如，举办成果展览，将活动小组制作的模型、标本，活动照片、图表等成果进行展览，既能使学生的综合能力得到提高，又能将科技活动的成果在学校内扩大影响，这种方式主要适合初中学生使用。召开成果汇报会，将科技活动成果在一定范围内开会进行汇报，如由年级统一组织，汇报内容应侧重活动小组成员所创造的实验新方法（包括自己设计的简易方法）、新发现（如动植物在本地分布的新纪录）、自制的实验用具及新的实验结果等。撰写科技小论文，组织活动小组成员将整个课题活动写成小论文或者研究报告，是一种对科技活动最好的总结方式，还可以推荐学生参加科普类的报纸杂志的征文活动，或参加科技活动的竞赛。

附录

家庭厨余垃圾反应器与浇花一体机[①]

1. 选题背景。

有一次,家人一起看珠江频道的电视新闻栏目《今日关注》,讲述广州市率先实行垃圾分类的新闻,其具体的做法是:通过居委会向每家分发一定量的可降解的塑料垃圾袋,并根据每户人口数对每日的产生垃圾量进行限定,超过限定量的生活垃圾要自己出钱购买垃圾袋,政府组织环卫工人对生活厨余垃圾和可回收垃圾进行分类捡放,分类处理。由此联想到我们生活的城市有没有实行垃圾分类呢?

确实,随着城市化进程的加快,城市人口越来越多,当前困扰城市化的难题之一就是垃圾的处理,特别是生活垃圾的处理。虽然有焚烧、填埋等措施处理垃圾,但是焚烧容易造成环境污染,填埋需要占用大量的土地资源,这两种措施都具有明显的缺陷。据收集到的相关数据显示,城镇居民每天产生的生活垃圾中有40%属于厨余垃圾,而厨余垃圾是可以降解的垃圾。中山市还没有实现垃圾分类处理,都是靠市民自觉对垃圾进行分类,没有集中分类处理;此外,家庭用的生活垃圾还要用一次性的塑料袋来装,这些塑料袋很难降解,还会造成二次污染。所以,我们就萌发了发明一种家庭厨余垃圾处理装置的想法。通过家庭式的处理,对不可回收的垃圾实行无害化处理,可回收的垃圾卖给废品回收站,达到变废为宝的目的。

2. 设计目的和基本思路。

设计目的:由于厨余垃圾的主要构成是剩饭剩菜,含有大量的有机物,这些有机物被细菌和真菌分解之后可以变成被植物吸收的无机盐,无机盐溶解于水就可以被植物吸收,非常有利于植物生长。剩饭剩菜等厨余垃圾经过处理机后制成的生物肥料,经过加工,就可以用来做有机肥料,实现变废为宝。

基本思路:厨余垃圾降解腐败的基本原理就是细菌和真菌在里面大量地生长和繁殖,消耗有机物,并将其转化为无机盐、水、二氧化碳和其他气体。只要我们往反应装置加入适量的活性菌,让活性菌在剩饭剩菜中生长和繁殖,就可以达到降解厨余垃圾的目的。所以,我们利用了初二的生物学知

[①] 林拱标、姚碧林:《基于STEM理念的初中生物活动课程设计与实施》,广东人民出版社2019年版,第6页。

识，即腐生菌可以分解有机物，经过处理后的厨余垃圾的剩下废渣可以作为植物的有机肥，无机盐溶解于水可以被植物直接吸收。腐生菌生长和繁殖的生存条件是适宜的温度、水分和有机物，有些还需要氧气参与。厨余垃圾具有丰富的有机物，我们只要提供适宜的温度和水分就可以创造适合腐生菌生长和繁殖的环境条件。经过分解处理后，在倒出废渣之前，反应器的加热管会自动进行废渣沥干，配合高温等加速处理，再蒸发成干的半成品肥料。腐生菌是要经常添加的，每处理一次都将消耗一些。（如图6-4所示）

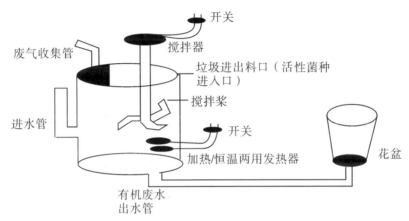

图6-4 家庭厨余垃圾反应器与浇花一体机原理

3. 项目的研究过程。

我们首先找到一个圆筒状的装置作为反应器，装置的一侧装有一个发热管，发热管有加热和恒温两大功能，装置还要配备一个搅拌装置，在电机的带动下，搅拌翼开始旋转，使厨余垃圾和菌种接触均匀，扩大接触面。装置的工作原理就是：先通过入料口将厨余垃圾放入反应器中，再加入参与发酵反应的活性菌株，加热到菌种的合适温度令其生长和繁殖；加水后，再搅拌，将分解处理后的水通过收集管联通到花盆底部，为植物提供肥料；可以被植物吸收，然后再把废渣通过出料口倒出，经过处理后可以当作植物的有机肥料；装置上边有气体收集管，可以收集菌种降解厨余垃圾过程中产生的二氧化碳及其他废气等，还可用于调节反应速率。每次处理后的废渣倒出后，在处理新的厨余垃圾时需要重新添加适量的活性菌株。（如图6-5所示）

图 6-5　学生制作家庭厨余垃圾反应器与浇花一体机

4. 完成过程简介。

构思设计—找材料—制作（老师指导）—装置初步制作完成—试用—发酵对照试验—改进—完成。

好氧反应器生物降解的工艺流程如图 6-6 所示。

图 6-6　好氧反应器生物降解流程

对照实验的设计验证过程如下所示。（见表 6-4）

（1）用药匙分别取葡萄糖、蔗糖 3 匙（约 10 g），再分别加入酵母粉 1.5 匙（约 3 g），糖和酵母粉比例为 2∶1，分别量于 200 mL 烧杯中，加温水（温度 30～40℃，以水温不烫手为宜），振荡溶解，摇匀后迅速倒入锥形瓶中。

（2）将两个锥形瓶分别标上标签，置于（40～50℃）温水的烧杯中保温发酵。

（3）每隔 10 min 振荡一下锥形瓶，观察现象。

表 6-4　厨余垃圾发酵最佳配比数据

项目	数值或评价
发酵的适宜温度	40～50℃
发酵的糖分（剩饭剩菜）和酵母的配比	4∶1
搅拌的适宜时间	10～15 min
结果降解肥水浇灌后的植物生长发育情况	生长更茂盛，植株更健康

5. 应用了哪些科学方法和科学原理。

厨余垃圾降解腐败的基本原理就是细菌和真菌在里面大量地生长和繁殖，消耗有机物，并将其转化为无机盐、水、二氧化碳和其他气体。只要我们往反应装置加入适量的活性菌，让活性菌在剩饭剩菜中生长和繁殖，就可以达到降解厨余垃圾的目的。所以，我们利用了八年级的生物学知识：腐生菌可以分解有机物。经过处理后的厨余垃圾剩下的废渣可以作为植物的有机肥，无机盐溶解于水可以被植物直接吸收，可作为家庭养花的肥料。

6. 项目的主要贡献（创新点）。

（1）反应器设计操作简单便捷，变废为宝。

（2）降低了生活垃圾的生产量，减少了环卫工人的工作量，保护了环境。

（3）投入小，产出大，间接推动了以家庭为单位的垃圾分类处理新模式。

7. 进一步完善该项目的设想。

（1）将进料口和出料口分开设计，使出料更方便，筛选出更加低成本的、降解效率更高的腐生菌种，可以提高厨余垃圾降解的效率和数量。

（2）优化对照试验的设计。

第四节　基于项目式学习的生物学概念拓展

概念是中学生物学课程教学的主干。前面讨论过生物学概念教学可分课前、课中和课后三个阶段。课中的教学是核心，完成概念引入、概念形成和概念巩固。由于课堂时间有限，应用 PBL 教学模式时，可以把概念学习以"微项目"的形式来开展。课后阶段则是概念的深化和拓展，一般以单元为单位来进行。当概念相关度较高的几节或一章内容结束后，引导学生总结梳理相关的思维导图，使概念更具系统性，形成知识网络，构建概念体系。

一、思维导图模型

课堂的"微项目"所形成的概念并不完整，例如"光合作用"这一概念，仅仅是绿色植物新陈代谢的其中一项，而绿色植物的新陈代谢也只是生物圈中绿色植物的一个下位概念。可见，依赖于课堂所形成的概念，还需要经过学生的深加工才能形成体系，例如简单联系呼吸作用、蒸腾作用、细胞吸水和失水等概念。思维导图的构建，可以说是思维意义上的项目式学习，非常适合学生在有限时间内形成较为完整的概念体系（如图6-7所示）。然而，学生并不会拘泥于这种模式，特别是初中学生，更喜欢用"图文并茂"的方式来归纳相关概念，这种学习方式也广泛应用于各个学科的教学中。

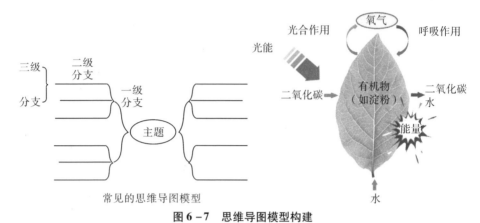

图6-7　思维导图模型构建

二、以概念为项目的学习延伸

思维导图有一定的开放性，这与PBL教学模式的特点具有一致性。生物学基于PBL模式的概念教学，围绕"问题"或主题，不断探究其背后隐藏的知识，这和思维导图以某一主题作为中心点的绘制过程及其所展现的思维过程具有一致性。学生可将生物学所创设的"问题"作为思维导图的中心主题，首先找出情境中已经给出的已知条件，根据PBL模式，围绕问题情境中的中心主题进行广泛的思考与探索，以头脑风暴的形式找到相关信息，考虑"问题"所隐含涉及的知识或经验的所有方面（即找出未知或者待知的知识），并将其联系用线条连接起来。

思维导图可以帮助学生发散"解决问题"的思维，并帮助学生逐渐接近藏匿于"问题情境"背后的深层次答案，最终达到解决问题的理想目标状态。在解决问题和深入思考的过程中，每个团队成员的所有想法都得及时记录在思维导图中，许多不成熟的思考点都可能成为在讨论过程中创造出的生长点。每个小组绘制并展示一张思维导图，不仅可以提高所有学生的积极性与热情，还有利于展现个人思维和集体思维，发展归纳与概括等科学思维，产生新的"知识生长区"。

三、开展生物学概念的主题调查

生物学概念源于生活,源于对生命活动规律的概括,最终目的也在于解释或解决生活中的实际问题;而课程也提供了很多联系生活的实践内容,除了探究和实验活动之外,还有 STS 项目、生物学与文学、生物学与艺术、社会调查等。

很多学校会组织学生进行校园植物的调查活动,这是非常常见的主题调查形式。但从学科知识的角度,这种调查有着局限性,校园绿化一般经过园林设计,有着明显的人工影响因素,因此,学生开展调查后对生态的概念依然片面。开展调查活动容易调动学生的积极性,因为学生认为不用受到"分数"的束缚。(见表 6-5)

表 6-5 主题调查

选项	结果
1. 有没有到实地进行考察和研究?	A. 有,且经常　B. 有,但次数不多　C. 没有
2. 是否有活动记录?	A. 有,且详细　B. 有,但不详细　C. 没有
3. 小组成员之间是否经常讨论?	A. 有,且经常　B. 有,但次数不多　C. 没有
4. 是否和其他小组成员讨论?	A. 有,且经常　B. 有,但次数不多　C. 没有
5. 查阅资料的情况如何?	A. 资料翔实　B. 一般　C. 不够翔实
6. 采访专家的情况如何?	A. 有,且经常　B. 有,但次数不多　C. 没有
7. 研究所采用的方法如何?	A. 方法科学,且种类多　B. 方法科学,但单一　C. 方法不够科学
8. 活动是否有一些心得体会?	A. 很多　B. 一般　C. 没有
9. 研究活动是否按计划进行?	A. 一些灵活的修改,但仍有条不紊地进行　B. 按计划进行　C. 活动很紊乱
10. 活动中信息技术的使用情况如何?	A. 经常采用　B. 较多采用　C. 很少采用
说明:请在合适的选项前打"√",A = 10 分,B = 6 分,C = 2 分	
得分 =	

附 录

人类耳垂连生和离生遗传的调查

1. 项目内容：利用遗传的概念，进行人群中耳垂连生和离生情况的调查。

2. 学习小组：每4～6名学生组成一个小组。

3. 项目学习的提出：遗传是初中生物学的一个重要概念，也是一个难点，对学生来说，通过某些性状判断其基因组成难度较大，通过项目学习的方法能提高学生对核心知识的认识及理解，并掌握规律，提高学习兴趣。

4. 活动探究：

（1）确定项目学习目标。通过调查，了解人群中耳垂连生和离生分布的比例及双亲可能具有的基因型，增强学生利用基础知识，对某些遗传现象的分析和解读能力；培养学生与人沟通的能力和组内合作能力；利用调查结果引导数理分析的能力。

（2）确定项目学习方法、查询法、访谈法、调查分析法和讨论法。

（3）讨论并确定项目学习计划。（见表6-6）

表6-6 项目学习计划

时间	内容	预期结果
第一周	设计调查问卷	—
第二周	确定调查目标	—
第三周	实施调查，统计数据	完成统计量表
第四周	分析数据，形成报告	交流与评价

（4）问卷调查及数据分析结论。

①问卷调查步骤：设计调查问卷→确定调查对象→填写调查问卷→分析调查数据→讨论总结

②数据分析结论：人的耳垂连生和离生是受遗传决定，也受一定的环境影响。从目前调查结果看，人群中离生耳垂个体数量较多。

通过项目学习，学生掌握了一对相对性状的遗传中耳垂离生是受显性基因控制的，耳垂连生是受隐性基因控制。在双亲的基因型如离生×离生中有3种基因型的交配类型，即AA×AA、AA×Aa、Aa×Aa。

（5）制作作品及作品交流。

高二（4）班的第二和第五小组将其调查的结果和耳垂连生及离生的形

态结合网上资料做成了灯片，效果非常好，很受学生的欢迎，使学生的知识得到了强化和拓展。

(6) 评价。

①学生自我评价：锻炼了学生的沟通、合作、写作、数据统计、归纳、推理等多方面能力，并得到了一定的提升。

②家长评价：通过这种项目学习打消了部分家长对某些现象的不理解，促进了学生与家长的沟通，使生硬的书本知识变得更加人性化。

③教师评价：在此项目学习过程中学生的综合能力得到了全面提升，评价侧重于过程性评价，对学生在项目学习中的具体表现做出客观的评价。教师对学生的评价可采用分项评价的方式，如根据项目学习的不同阶段，设计相应的量表，最后综合各过程进行综合评价。对学生个体来说，可用组内评价和自我评价结合的方式进行。

第五节　基于项目式学习的生物学应用案例分析

水果除了富含糖类和维生素外，有的水果还含有一些特殊的酶。有的酶称为食酶，如菠萝含有蛋白酶等。在七年级生物学《食物的消化和吸收》的课程内容中，提到了相关的消化酶，其中就有蛋白酶。

通过学习，学生了解酶的基本特性，也知道细胞能产生各种酶，那么，如何获得酶制品呢？这是一个很好的知识拓展的方向，本案例就利用菠萝来制备蛋白酶，探索单宁沉淀法提取菠萝蛋白酶的工艺条件。结果表明，单宁沉淀菠萝蛋白酶最佳的工艺条件为：单宁浓度 0.1%，0.05% 二乙烯三胺（EDTA）和 0.05% 半胱氨酸组合稳定剂，沉淀温度为 0℃，沉淀时间为 1 h。

一、菠萝与菠萝蛋白酶

菠萝，又名凤梨，属草本植物，是热带著名的水果。目前，国内生产的菠萝，60%以鲜果的形式销售，40%以加工产品的形式销售，加工的产品主要有果汁和蛋白酶等。菠萝的生产有明显的季节性，其成熟时间集中，因此，大批量上市时会出现销售困难的现象。

菠萝中含有分解蛋白质的酶，称为菠萝蛋白酶。菠萝蛋白酶分布于菠萝的果汁、茎、皮中。菠萝蛋白酶有广泛的应用，如在食品工业用于啤酒澄清、肉质嫩化、奶酪和水解蛋白生产，在制革工业中用于皮革鞣制。在医药工业中，它更有多种用途：①抑制肿瘤细胞的生长；②增进药物如各种抗生素（四环素、阿莫西林等）吸收，提高其疗效；③具有抗炎、消水肿、预防心血管疾病如中风及心绞痛等，抑制毒素如热不稳定毒素、霍乱毒素及热稳定毒素的分泌，促进烧伤脱痂。

鉴于菠萝蛋白酶在食品、制革、医药等领域中有广泛应用，对菠萝蛋白酶的研究和开发具有重要的意义。目前已有一些菠萝蛋白酶的工业生产，大多采用高岭土沉淀法，该法操作复杂，不易控制，且高岭土中含有的微量重金属易使酶失活。使用单宁作为沉淀剂沉淀菠萝蛋白酶，可以避免重金属所带来的不足。单宁是一种常见的蛋白质沉淀剂，采用单宁沉淀法提取菠萝中的蛋白酶，操作简单，原材料消耗少，所需设备少，易于土法操作。该研究可为菠萝的加工与利用寻找出一条新途径，有利于解决菠萝的销售困难，同时也解决了菠萝榨汁后菠萝皮的综合利用问题，适用于中小企业和乡镇企业的小型生产。

二、研究材料、方法与仪器设备

1. 研究材料

菠萝（成熟度为70%～80%的无刺卡因种），采购于神湾水果批发市场。（如图6-8所示）

商品：菠萝蛋白酶，由广西博白生物制品有限公司提供。

2. 主要仪器设备

马头牌JYT-2架盘药物天平（上海医用激光仪器厂）；

HH-S恒温水浴锅（江苏金坛仪器科技有限公司）；

上皿电子天平FA2104S（上海天平仪器厂）；

A-88组织捣碎匀浆机（江苏金坛仪器科技有限公司）；

TDZ5-4.0多管架自动平衡离心机（湖南仪器仪表总厂兴华仪器厂）；

723A型可见分光光度计（上海精密科学仪器有限公司）。

第六章 基于翻转的生物学科项目式学习

图 6-8 实地考察菠萝产地（中山神湾）

SZG 型真空干燥机（常州市宇涵药化设备有限公司）

3. 研究方法及研究内容

（1）测定菠萝皮、肉两部位的酶活分布情况。（如图 6-9 所示）

图 6-9 对菠萝的不同部位（皮、肉）实验提取菠萝蛋白酶

酶活是指在特定条件下（25℃），在 1 min 内能转化 1 μmol 底物的酶量，或是转化底物中 1 μmol 的有关基团的酶量；将菠萝皮与菠萝肉分开后，分别称两部分的重量；再分别放入组织捣碎机捣碎，用适量的水（刚好浸没固体）抽提 1 h 后，用四层纱布过滤；滤渣用水再抽提一次，合并得到两次抽提的滤液，各取 1 mL 滤液测定各自酶活；然后分别计算果皮、果肉的总酶活。

（2）单宁沉淀法提取菠萝蛋白酶的生产流程（如图 6-10 所示）。

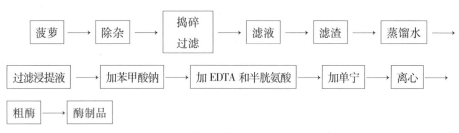

图 6-10　单宁沉淀法提取菠萝蛋白酶工艺流程

工艺过程简介如下所示。

压榨：挑选出七八成熟的菠萝，切去根蒂，清洗干净。切碎后放进组织捣碎机中捣碎，汁液用四层纱布过滤，再向渣中加入适量的蒸馏水后过滤，得菠萝汁液，并加入 0.05% 苯甲酸钠防腐，用 7% NaOH 调节汁液到 pH=7。

沉淀：加入一定量的稳定剂，在一定温度下用单宁沉淀一定的时间（条件待定），在 4000 r/min 下离心 15 min，弃上清液，沉淀再用浓度为 0.05% EDTA 溶液冲洗一次，离心，弃上清液，得到湿酶。

干燥：湿酶经过真空干燥器干燥，真空度为 50 mmHg，温度为 25℃，得到粗酶粉。

（3）酶沉淀过程工艺条件的确定。

不同浓度的单宁沉淀菠萝蛋白酶对酶活力的影响：因为单宁中可能含有重金属会使酶变性，为了确保酶活性，必须加入金属螯合剂，并加入一定还原剂防止酶的巯基氧化。

取 4 个烧杯，分别加入 50 mL 新榨菠萝汁，加入 0.05% EDTA 和 0.05% 半胱氨酸组合稳定剂，再分别加入 0.1%、0.15%、0.2%、0.25% 的单宁，操作见表 6-7。

表6-7 不同浓度的单宁沉淀实验

分类	1	2	3	4
菠萝汁液（mL）	50	50	50	50
加入单宁的量（g）	0.05	0.075	0.10	0.125
单宁终浓度（%）	0.10%	0.15%	0.20%	0.25%

把上述溶液在常温静置 1 h 后，置于 4000 r/min 下离心 15 min，弃上清液，沉淀物分别用 0.02 mol/L、pH=7.0 磷酸缓冲液溶解并定容至 10 mL，各取 1 mL 测定酶活力。

单宁沉淀菠萝蛋白酶工艺条件的确定：影响单宁沉淀菠萝蛋白酶沉淀效果的因素主要有单宁浓度、稳定剂、沉淀温度、沉淀时间，为此，我们采用 $L_9(4^3)$ 正交实验方法对这 4 个因素的 3 个水平进行了探索，以确定最佳工艺条件，正交实验的因素水平设计见表 6-8。

表6-8 单宁沉淀过程的 $L_9(4^3)$ 正交实验设计

分类	单宁浓度	稳定剂种类	反应温度	反应时间
1	0.10%	0.10% EDTA	0℃	1.0 h
2	0.15%	0.10% 半胱氨酸	室温	1.5 h
3	0.20%	0.05% EDTA + 0.05% 半胱氨酸	40℃	2.0 h

（4）蛋白酶活力测定方法——Folin-酚法。

菠萝蛋白酶活力定义为：在 30℃、pH=7.0 的条件下，每分钟水解酪蛋白产生酪氨酸 1 ug 为 1 个酶活力单位。

（5）酶的提取率、回收率计算。

提取率(%) = (提取所得酶重量 / 所消耗的菠萝总重量) × 100%

回收率(%) = (每一次酶总活力 / 第一次酶总活力) × 100%

（6）提取的菠萝蛋白酶和商品菠萝蛋白酶比较。

观察实验中提取的菠萝蛋白酶的外观及物理性质，称取该酶粉末 1 g，用 pH=7.0 的磷酸缓冲液溶解，定容至 10 mL；另外，称取商品菠萝蛋白酶 1 g，用 pH=7.0 的磷酸缓冲液溶解，定容至 20 mL，各取 1 mL 测定酶活力，分别计算 1 g 酶粉的总活力，两者进行比较。

4．结果与分析

（1）菠萝不同部位菠萝蛋白酶的活力分布。

取一个 1250 g 的菠萝进行果皮、果肉分离，测定各部分的酶活，结果见表 6-9。

表 6-9　菠萝中各部位酶活力的分布情况

类型	果皮	果肉	果皮肉混合液
抽提液体积（mL）	350	605	955
单位酶活（U/mL）	32.95	42.97	39.97
总酶活（U）	11532.5	25994.5	38171.4
总酶活百分比	30.21%	68.10%	—

从表 6-6 中可知，菠萝蛋白酶在菠萝的果皮、果肉中的含量都很高。所以，在选择实验材料的时候不应该把皮和肉分开，以免造成材料的浪费。此外，为了节约成本，还可以回收市场中的菠萝皮来提取菠萝蛋白酶。

（2）不同浓度的单宁沉淀菠萝蛋白酶对酶活的影响。

图 6-11 显示：菠萝蛋白酶活性随单宁浓度的增加而降低，即单宁浓度太高会对菠萝蛋白酶有抑制作用，可能是单宁中含有重金属元素会影响酶活性，所以设计正交实验时单宁浓度不能太高，并且要加入合适的稳定剂。

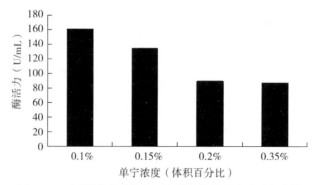

图 6-11　不同浓度的单宁沉淀所得菠萝蛋白酶活力比较

（3）单宁沉淀菠萝蛋白酶工艺条件的正交实验结果。

取 9 支烧杯，编号后各加入 50 mL 菠萝榨汁按下列实验号设定的沉淀条件进行蛋白酶沉淀实验，将沉淀离心分离后分别定容至 10 mL，各取 1 mL 进行酶活测定。以酶活为指标，进行极差分析（见表 6-10）。

表6-10 正交实验结果与极差分析

试验号	因素				酶活(U/mL)
	A 单宁浓度	B 稳定剂种类	C 反应温度(℃)	D 反应时间(h)	
1	0.10%	0.10% EDTA	0	1	170.4
2	0.10%	0.10% 半胱氨酸	室温	1.5	61.10
3	0.10%	0.05% EDTA + 0.05% 半胱氨酸	40	2	89.15
4	0.15%	0.10% EDTA	40	1.5	90.70
5	0.15%	0.10% 半胱氨酸	0	1	82.85
6	0.15%	0.05% EDTA + 0.05% 半胱氨酸	室温	2	80.35
7	0.20%	0.10% EDTA	室温	1	93.25
8	0.20%	0.10% 半胱氨酸	40	2	71.20
9	0.20%	0.05% EDTA + 0.05% 半胱氨酸	0	1.5	123.50
K_1	320.65	293	376.75	321.95	—
K_2	253.9	215.15	234.7	275.3	—
K_3	287.95	355.35	251.5	265.25	—
极差 R	66.75	139.2	142.05	56.7	—
因素	3	2	1	4	—

从表6-7中数据可以看出，影响酶提取的影响因素主次顺序是：C > B > A > D；工艺条件的最优组合为 $A_1B_3C_1D_1$，即单宁浓度为0.1%，稳定剂为0.05% EDTA 和 0.05% 半胱氨酸组合，沉淀温度为0℃，沉淀时间为1 h。

（4）提取的菠萝蛋白酶和商品菠萝蛋白酶比较。（如图6-12、表6-11所示）

图 6-12 粗提取的菠萝蛋白酶（左）和市场商品菠萝蛋白酶（右）对比

表 6-11 提取的菠萝蛋白酶与商品菠萝蛋白酶比较结果

项目	提取菠萝蛋白酶	商品菠萝蛋白酶
色泽	浅黄棕色	米黄色
物理性质	有菠萝香气，微溶于水	有菠萝香气，微溶于水
酶活力（U/g）	2540.2	3134.87

每 1250 g 菠萝榨得 955 mL 汁液，每 50 mL 可得 0.59 g 菠萝蛋白酶，则每 1250 g 菠萝可得 11.27 g 菠萝蛋白粗酶，求得提取率为：

提取率 = 11.27 g/1250 g × 100% = 0.9%；

新榨菠萝汁液总酶活为 38171.4 U，单宁沉淀提取酶总酶活为：

单宁提取酶总酶活 = 2540.2 U/g × 11.27 g = 28628.1 U；

单宁沉淀过程酶的回收率为：

回收率 = 28628.1 U/38171.4 U × 100% = 74.99%。

5. 结论与分析

本研究可以获得如下结论。

菠萝皮含有较高的酶活，因此，利用废弃的菠萝皮提取菠萝蛋白酶，可使菠萝果汁加工过程中的废弃物综合利用，提高菠萝的利用率与产品的附加值。

单宁沉淀法提取菠萝蛋白酶的最佳工艺条件是：单宁浓度 0.1%，稳定剂为 0.05% EDTA 和 0.05% 半胱氨酸，沉淀温度为 0℃，沉淀时间为 1 h。

单宁沉淀法提取菠萝蛋白酶的酶活回收率为 74.99%，效果比较好，但是提取率仅为 0.9%。

单宁沉淀法工艺操作简单，所需设备少，对工作人员专业能力要求不高，易在乡镇企业推广。

虽然初中学生对单宁沉淀法比较陌生，但不会影响他们对此工艺的应用。在这个 PBL 项目中所提供的方法，学生不需要设计实验方法和步骤，按规定的程序进行即可。这降低了实验的难度，使其更符合学生年龄和认知特点。

参考文献

［1］陈晓红. 大数据时代的信息素养教育理论与实践［M］. 成都：西南交通大学出版社，2017.

［2］何克抗. 儿童思维发展新论和语文教育的深化改革：对皮亚杰"儿童认知发展阶段论"的质疑［J］. 教育研究，2004，25（1）：55-60.

［3］可汗. 翻转课堂的可汗学院：互联网时代的教育革命［M］. 刘婧，译. 杭州：浙江人民出版社，2014.

［4］郎骁谋. 大概念理念下基于项目的科学教学设计与实践［D］. 桂林：广西师范大学，2017.

［5］林拱标，姚碧林. 基于STEM教育理念的初中生物活动课程设计与实施［M］. 广州：广东人民出版社，2019.

［6］罗九同. 基于项目学习的翻转课堂有效性及其影响因素探究［D］. 上海：华东师范大学，2015.

［7］珀金斯. 为未知而教，为未来而学［M］. 扬彦捷，译. 杭州：浙江人民出版社，2015.

［8］王凤肆，等. 教育大数据：考核评价数据分析、挖掘与应用［M］. 北京：科学出版社，2020.

［9］肖高丽，梁文明. 中小学实施人工智能课程的意义、挑战与对策［J］. 教学与管理，2018（22）：70-72.

［10］张燕妮. 采用翻转课堂结合PBL教学模式培养计算思维的实践［J］. 电脑与信息技术，2019，（27）4：89-91.

［11］赵艳晴. 高中生物学教学中运用PBL教学模式发展科学思维的研究［D］. 济南：山东师范大学，2020.